Badminton Coach

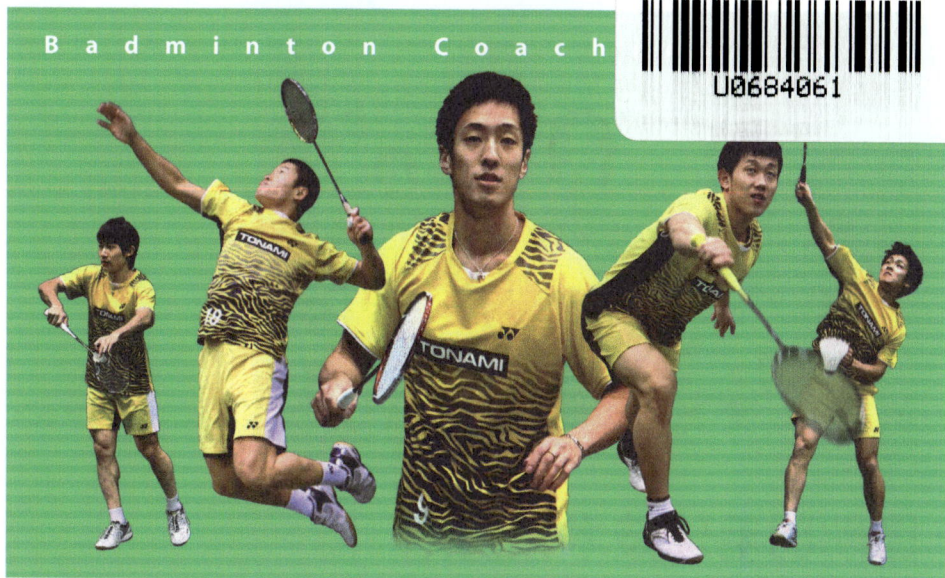

羽毛球基本技战术教科书

图解羽毛球技术和战术
基础训练200项

[日] 舛田圭太 主编 杨琳琳 译

人民邮电出版社
北京

图解羽毛球技术和战术
基础训练 *200* 项
C O N T E N T S 目录

第8章 单打的战术训练   161

第9章 双打的战术训练   175

第 10 章　多球训练　　　　　　　　　　　　　　205

第 11 章　体能训练　　　　　　　　　　　　　　　231

在指导小学生的过程中"回到原点"

掌握基础是
提高羽毛球水平的捷径

羽毛球制胜的关键并非手法技术，而是脚下的步法技术！

打羽毛球关键在于脚下步法

众所周知，羽毛球是一项需要用到球拍的运动。利用球拍击球，一点一点地积累比分。你可能会不理解我怎么现在才说这些。但是，还有比手法技术更重要的事情，那便是移动步法。

如果迈步方式错误的话，无论击球姿势多么漂亮，都会造成失误。即便是高水平选手，在赛后接受采访时也会说"今天场上的步法移动十分流畅"。由此可以看出"移动步法"的重要性。

以挑球打法为例，如果击球时迈步姿势错误（即出脚方式错误的话），球就不会飞向正前方，从而会造成失误。关于这一点，在第 4 章中将进行比较具体的说明。在我参加的各种演讲与座谈

会中，由于迈步方式的原因而导致失误的选手也十分多见。不过，其中的大多数选手，都是过于注重挥拍方法，并没有意识到其实是脚下原因造成了失误。

于是，我会跟大家讲，"如果移动步法错误的话，即便是我，击球也会失误。无论是普通选手还是顶尖选手，造成失误的原因都是相同的。因此，要努力练习移动步法。"也就是说，要先移动之后，再做击球的动作。

因此，在本书中，会反复多次地提醒大家注意移动步法。即将开始或者刚刚开始羽毛球运动的选手，甚至羽毛球教练，都应该重视移动步法。一旦错误的移动步法形成了习惯，将来就有可能会变成自身的弱点。

基础打法是杀球和挑球

羽毛球的魅力之一就是打法具有多样性，比如杀球、高远球、吊球，还有挑球、放网前球、推球等。但是，这些打法之间并非毫无关联，最基础的打法是杀球和挑球这两种。

例如，杀球是头顶球打法的基础，掌握了杀球的打法，就能学会通过控制击球力量将球击向对方后场的高远球打法，还能学会通过转动拍面将球击向对方前场的吊球打法。可以说，高远球和吊球都是杀球的击球技术的延伸。类似的，挑球的击球技术的延伸是放网前球和推球等打法。

起初的时候只想着要打好羽毛球、要赢得比赛，所以不少选手选择从吊球

教练的话

如何才能打好羽毛球？

开始学起。但是，这样一来，杀球就打不好了。反过来，如果掌握了基本的移动步法和杀球、吊球的击球技术，几乎所有的打法都能够迅速掌握。在杀球和吊球的击球技术要领的基础上勇于挑战，自己的技术会越来越全面。

此外，我重视杀球技术还有一个原因是心理方面的因素。羽毛球运动虽然是个人对抗，但是还有支持自己的观众，团体赛的话还有共同作战的队友。吊球拿下1分和杀球拿下1分同样都是得分，但是还是杀球得分的时候更能掀起场上的高潮，自身也更能进入状态。

我认为，杀球是所有击球技术的基础，同时也是唯一能帮助我们化解不利局面的打法。

如何才能打好羽毛球？
To Be a Good Badminton Player

初学者和国家队选手的训练内容都是一样的

对于国家队的选手都进行什么特殊的训练，不知大家是否有过疑问。其实，训练内容本身和大家日常进行的训练基本没有差别。

即便是高水平选手，也要进行"拾放羽毛球"（第235页）"网前短球"（第166页）以及"长球＋杀球"（第167页）的训练。只是随着技术水平的提高，逐渐加大了训练难度和负荷，同时对移动步法和击球的精准度要求也更高了而已。

也就是说，从初学者到顶尖选手，训练内容基本都是一样的。所以说，无论到什么时候，最重要的都是基础。

本书共介绍了200个训练项目，

如何才能打好羽毛球？

其中约有一半的训练内容既适合小学生，也适合成人。对于其中个别的训练项目，不仅可以将几个项目结合在一起进行练习，女选手还可以将训练内容中的杀球部分调整为打高远球或者吊球。

当然，自己下功夫去思考如何进行训练内容的组合和调整，也是提高羽毛球水平的非常关键的要素。

身为教练，不应该是手把手一五一十地教，而应该是当选手做不到的时候，给他们一些解决问题的提示。这样的话，选手在训练的时候也能自己主动去思考了。在本书中介绍的训练项目的基础上，可以结合自身的技术水平，适当地增加训练负荷、调整训练内容。

打羽毛球，有 100 个人就有 100 种处理方式

教练的话

在羽毛球比赛现场，经常会看到选手在不同的年龄段有不同的教练带领。当然，教练的临场指导是为了让选手在比赛中取胜。所以，不能说这样不好。

但是，对于选手而言，会有"和之前的教练的说法不一样"的情况发生。这种时候，不能立即否定新任教练的说法，要按照教练所说的尝试一下。

讲一个我自己的亲身经历。我高中时期非常尊敬的一位恩师曾经对我说："以后，会有各种各样的人对你说各种各样的话，你应该去倾听。如果有自己认为十分受用的内容，转化为行动不断地提升自己就可以了。"如果只会打羽毛球，一旦没有机会打球了，就会失去精神支柱。

此外，作为一名教练，也应该尽量避免指导的时候说"这样做肯定是对的"，应该给选手一些提示，让选手也能主动去思考。对于高水平选手可以这样说，"自己去思考然后逐步去调整。"反之，如果是技术水平提高缓慢的选手，多半会等教练给出具体的解决办法。

本书中的训练内容并非适合所有的选手。羽毛球运动中，对球的处理方式因性别、体格以及性格不同而不同。100个人就有 100 种处理方式，所以对球的处理没有绝对正确的方式。如果想要确立自己独特的打法，希望本书能助大家一臂之力。

如何才能打好羽毛球？

曾任日本国家羽毛球队主教练 **舛田圭太**

请务必先阅读以下说明。

从第1章开始逐一练习，可以学习到正确的羽毛球技术。

1　本书的构成

◎各章节由以下要素构成。通过技术解析和基本概念明确训练目的后，依照训练项目进行练习。

技术解析

　　介绍击球方式的各个章节的开篇，都用连拍图进行技术动作演示，并配有文字解说。同时还包括有助于掌握正确击球技术的动作要领及建议，以及错误动作的说明，以防养成不规范动作的习惯。一定要在掌握基础之后，再开始练习。

基本概念

　　战术训练、多球训练的章节的开篇，都介绍了训练时必须懂得的基本概念。为了提升训练的效果，一定要在掌握理论之后，再投入训练。

训练项目

　　为了掌握各章节的技术动作，这里主要介绍具体的训练项目。训练目标达成后，可以适当调整训练内容，比如将两项训练内容结合起来练习等。

2 训练项目的阅读方法

◎每个训练项目都用照片、图解等形式进行了解说，通俗易懂。

等级

训练项目的难易度分为5个级别。"★"越多，表示该训练项目的难度越高。

时间·次数

表示练习所需的时间和次数，但这只是一个大致数字，需要根据选手的状态、训练人数等因素来进行判断。

目标

表示该训练项目的主要目的。

简易索引

在进行训练项目检索时使用。

照片、图解和练习步骤

通过文字和照片、图解等介绍具体的训练方法。训练顺序参照"步骤"，实际动作参照"照片"和"图解"。"图解"中的圆圈数字和步骤中的圆圈数字是对应的。另外，"图解"中的黄色箭头表示人的移动路线，红色箭头表示击球路线。

教练笔记·动作要领及建议

"教练笔记"中介绍了在进行该项训练时，选手和教练必须注意的地方以及训练内容的调整方式。"动作要领及建议"是帮助选手掌握该项技术的补充解释、附加说明。

▶▶▶ 羽毛球训练计划的制订方法

制订训练计划是羽毛球教练重要的职责。
这里按照年龄、时期、目的划分了三大类，
分别介绍其训练计划的制订方法。
但是，这里介绍的仅仅是一个例子，要根据
环境以及选手的水平等加以调整。

1 按年龄划分

中小学生、初学者 ▶▶▶ 熟练掌握基础

有足够的时间打牢基础是非常重要的。如果基础打得马马虎虎，即便在一定时期内的比赛中能够获胜，将来也是要吃苦头的。此外，稍微具备一定实力，就立即提高训练标准的话，很容易造成姿势走形、步法混乱等现象。因此，需要花长时间来重复简单的练习。训练项目中的多拍对打，小学生难以持续进行，采用多球训练的方式为佳。

> **小学生一日训练项目（例）**
> 体操·跑步
> ①训练项目116／长球+杀球（5分钟）※多球训练也可
> ②训练项目115／网前短球（5分钟）※多球训练也可
> ③训练项目114／杀球的交替练习（5分钟）
> ④训练项目037／高远球的2对1全场练习（5分钟）
> ⑤训练项目080／接发推球（5～10分钟）
> ⑥训练项目176／全场自由练习（10分钟）
> ⑦训练项目123／限制杀球的练习（先得21分者获胜）
> 体操·训练结束

高中生、中高级选手 ▶▶▶ 提升训练水平的同时不忘基本功

高中生的训练采用面向高级水平选手设定的训练项目（本书中标记为4★以上）。另外，可以将打直线球换成打对角线球等能够提高技术的训练。话虽如此，对这个年龄段的选手而言，基础训练也是非常重要的。没有比赛的时期不妨充分地进行基本功训练。随着训练水平的提升，身体的负担也会加重，这可能会导致损伤，因此建议一周休息一天。

> **高中生一日训练项目（例）**
> 体操·跑步
> ①训练项目126／推球和推球的接发球（5～10分钟）
> ②训练项目130／杀球和平抽球的对打练习（5～10分钟）
> ③训练项目164／接发球的3对2练习①（10～15分钟）
> ④训练项目159／限制挑球的2对2练习（先得15分或21分者胜）
> ⑤训练项目117／网前短球+杀球（10分钟）
> ⑥训练项目119／接发球的2对1练习（10分钟）
> ⑦训练项目122／限制打网前的练习（先得21分者获胜）
> 体操·训练结束

▶▶▶ 可使用场地不足时的训练组合方式

很多时候一块场地上的训练人数有七八个人甚至更多。这时，就需要分成在场地内训练和在场地外训练的两组，然后再进行轮换。此外，和其他的社团活动时间冲突无法使用体育馆时，可以选择在室外也可进行的训练项目，比如"投抛羽毛球"（第28页）、"中国跳"（第233～235页）等。

2 按时期划分

▶▶▶ 比赛前采用实战训练

比赛临近时，应该以实战训练为主，有计划地安排训练。例如，周日是比赛日的话，那么备战时可以周一至周二进行网前短球（第166页）和长球+杀球（第167页）等基本练习，周三至周五打练习赛，周六则进行轻量的训练。反之，如果短期内没有比赛时，则需要在基础训练和体能训练上多花时间，或者集中攻克上一次比赛中暴露出来的问题。

训练计划示例（赛前1周的训练计划）

	中小学生		高中生		企业队（砺波运输队）		日本国家队	
周一	18:30 19:10 19:30 20:00 20:45	体操、跑步、步法训练 基础训练 击球训练 训练赛 体操、整理	16:00 17:10 18:15 19:00	体操、跑步、训练 击球训练（针对比赛的实战训练） 训练赛 体操、整理	9:30 10:10（中午） 15:00 15:30 16:45	体操、热身、基本训练 击球训练 体操、热身、基本训练 多球训练 重量训练	9:00 10:10 10:30（中午） 15:00	体操、跑步、短跑 基础训练 击球训练(实战型) 重量训练
周二	18:30 19:10 19:30 20:00 20:45	体操、跑步、步法训练 基础训练 击球训练 训练赛 体操、整理	16:00 17:10 18:30 19:00	体操、跑步、训练 训练赛 短跑训练等 体操、整理	9:30 10:10（中午） 15:00 15:30 17:15	体操、热身、基本训练 击球训练(实战型) 体操、热身、基本训练 训练赛(1~2场比赛) 体能训练	9:00 10:10（中午） 15:00 15:30	体操、跑步、步法训练 基础训练、多球训练、击球 各自热身(基本动作) 训练赛、击球训练(2对1等)
周三	18:30 19:30 20:45	各自热身(通知19:30开始训练赛) 训练赛(按照正规比赛得分规则打2~3场比赛) 体操、整理	16:00 16:30 19:00	体操、热身、基本训练 训练赛 体操、整理	9:30 10:10	体操、热身、基本训练 训练赛 下午休息	9:00 9:40(中午) 15:00 15:30 16:30 17:30	体操、各自热身(基本动作) 击球、分解训练 各自热身(基本动作) 训练赛(即使胜负已分也打满3局比赛) 各自进行击球训练 体能训练(循环训练法)
周四	18:30 19:20 20:45	各自热身(通知19:20开始训练赛。但是场地内击球热身仅限19:00~19:20期间进行) 训练赛(按照正规比赛得分规则打2~3场比赛) 体操、整理		停训	9:30 10:10（中午） 15:00 15:30 16:45	体操、热身、基本训练 训练赛 体操、热身、基本训练 击球训练 重量训练	9:00 9:30 11:30（中午）	体操、各自热身(基本动作) 训练赛 击球训练、步法训练 下午休息
周五	18:30 19:15 20:45	各自热身(通知19:15开始训练赛。但是场地内击球热身仅限18:45~19:00期间进行) 训练赛(按照正规比赛得分规则打2~3场比赛) 体操、整理	16:00 16:30 18:30 19:00	体操、热身、基本训练 训练赛 各自进行击球练习 体操、整理	9:30 10:10（中午） 15:00 15:30 17:15	体操、热身、基本训练 击球训练(实战型) 体操、热身、基本训练 训练赛(1~2场比赛) 体能训练	9:00 10:10 10:30（中午） 15:00 15:30	体操、热身、固定击球落点 步法训练 基础训练 训练赛 重量训练 简单的控球训练
周六	18:30 19:10 20:45	各自热身(通知19:10开始训练赛。但是场地内击球热身仅限18:50~19:00期间进行) 训练赛(1场比赛) 体操、整理、明天比赛的通知事项	16:00 9:50 11:30	体操、热身、基本训练 训练赛 体操、整理、明天比赛的通知事项	9:30 10:10（中午）	体操、热身、基本训练 训练赛 下午休息	9:00 9:40 15:00 15:30	体操、各自热身(基本动作) 多球训练、分解训练 各自热身(基本动作) 训练赛、击球训练
周日	比赛		比赛		比赛		出发赴国际赛场	

3 按目的划分

▶▶▶ 明确训练主题也非常必要

为了更好地发挥优势、攻克比赛中暴露的问题，选手及教练在确定训练主题后再制订训练计划也是非常重要的。例如，确定了"加强防守"的训练目标后，训练就自然以接发球练习为主了。

但是，如果安排基础训练、多球训练等一直进行接发球练习的话，选手们也会觉得枯燥，因此可以参照限制一方进攻的练习（第174页）那样，规定一方进攻、另一方防守的方式进行1对1的练习赛。

强化杀球能力的训练项目(例) ※时间为大致目标

	训练内容和目标	时间
1	练习 017 **从前场退到后场杀球**	15分钟
	培养前后移动过程中杀球的感觉	
2	练习 018 **向后场两侧移动杀球**	15分钟
	培养左右移动过程中杀球的感觉	
3	练习 131 **吊球→杀球→平抽球对打**	10分钟
	学习从吊球转换为杀球的战术	
4	练习 167 **推球→杀球**	10分钟
	提高前后移动时的速度和进攻能力	
5	练习 020 **跳杀**	15分钟
	掌握大力杀球的技术	
6	练习 027 **左右两侧跳杀**	10分钟
	掌握左右两侧跳杀的技术	
7	练习 141 **杀球和平抽球的2对1练习**	10分钟
	掌握保持本方主动权的进攻方式	
8	练习 178 **正手杀球→正手平抽球→推球**	10分钟
	掌握连续进攻的打法	
9	练习 179 **头顶杀球→反手平抽球→推球**	10分钟
	掌握连续进攻的打法	
10	练习 132 **后场任意**	10分钟
	打出准确的杀球路线	

强化接发球能力的训练项目(例) ※时间为大致目标

	训练内容和目标	时间
1	练习 075 **接发球的两侧交替练习**	10分钟
	正手和反手交替接发球	
2	练习 080 **接发推球**	10分钟
	培养接对方推球的能力	
3	练习 093 **平抽球的正反手交替练习**	10分钟
	转换拍柄握法打平抽球	
4	练习 094 **平抽球的1对1半场练习**	10分钟
	消除反手薄弱的意识	
5	练习 076 **接发杀球**	10分
	掌握接发球时的击球位置	
6	练习 077 **接发球抢攻**	10分钟
	培养接发球时掌握主动权的意识	
7	练习 134 **推球和接发球的2对1练习①（2人推球）**	10分钟
	练习对接发球的控制能力	
8	练习 142 **接发球的2对1练习**	10分钟
	摸透对方击球的时机	
9	练习 136 **推球和接发球的2对1练习③（1人推对角线球）**	10分钟
	掌握对方推对角线球时的回球方法	
10	练习 150 **接发球的3对1练习**	10分钟
	培养能破坏来自三个方向的进攻的接发球能力	

训练项目中使用的专业术语的解释

本书介绍的训练项目中，使用了很多羽毛球选手和教练平时经常使用的专业术语。
在开始训练前，请先掌握以下术语。

交叉步

主要是在打头顶球时，从侧身状态下的准备位置（惯用右手的话，右脚在后，左脚在前），到击球位置的双脚的交叉移动。主要是为了能够快速应对对方的回球。

移动到位

准确地移动步法，并将整个身体带到落球点的位置，做好击球的准备。

半场球

落到中场边线处的球。多在双打中对方前后站位时使用。

网带

球网上方的白色带子。

反手

不持球拍的一侧（右手持拍的话就是左侧）。惯用右手的话，反手后场指的就是球场的左后方。

正手

持球拍的一侧（右手持拍的话就是右侧）。惯用右手的话，正手后场指的就是球场的右后方。

中心位置

在球场上最基本的站立位置。

网前任意、后场任意

网前任意是指选手在网前可以使用任意打法击球。后场任意是指选手在后场可以使用任意打法击球。

头顶球

指反手球用正手接。正式名称叫反手头顶球。

多拍

不让球落地的连续对打。

轮转换位

指双打时前方队员和后方队员的位置轮转。

▶▶▶ 各种打法的球的路线和作用

羽毛球比赛中根据场上情况，可以选择各种打法。
在训练前，先来学习一下基本打法的作用和球的路线吧。

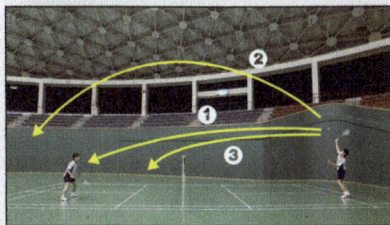

①**杀球**／从高处将球打向对方场地的进攻型打法（第32页）。
②**高远球**／和杀球的准备姿势相同，向对方后场大力击球（第52页）。
③**吊球**／和杀球的准备姿势相同，向对方的网前击球（第62页）。

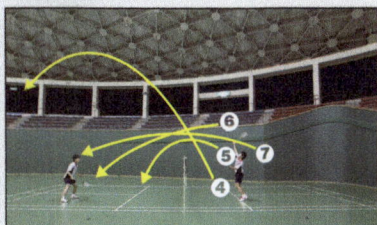

④**挑球**／空中滞留时间长，有时间调整到下一个击球动作的打法（第70页）。
⑤**放网前球**／球落至对方网前，调动对方到网前的打法（第84页）。
⑥**推球**／在网前击球进而创造得分的打法（第94页）。
⑦**平抽球**／掌握比赛主动权的打法（第132页）。

术语解释

羽毛球的基础知识

　　这里介绍的是打羽毛球一定要知道的专业术语和场地各线各区域的名称。本书的训练项目中也采用这些叫法，因此一定要做到心中有数。

▶▶▶ 球具和场地

球具

球拍
一支球拍的长度不超过68厘米，拍框宽度不超过23厘米。拍头部分绷紧了的网状的东西叫羽毛球弦（羽毛球线）。

羽毛球
应有16根羽毛固定在软木托上。球重4.74~5.50克。

球场

边线（单打、双打）
内侧是单打边线，外侧是双打边线。如果球落到边线外侧，就判出界。

前发球线
发球时如果踩线，判犯规（越线）。

后发球线（双打）
双打发球时，必须站在前发球线和双打后发球线的中间区域。

端线，即后发球线（单打）
如果球落到端线外侧，就判出界。端线，即单打后发球线。

场地的大小和各线各区域名称

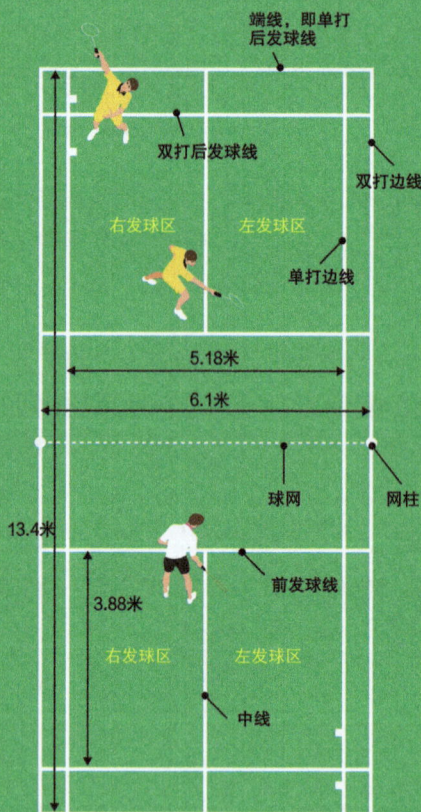

端线，即单打后发球线
双打后发球线
双打边线
右发球区　左发球区
单打边线
5.18米
6.1米
球网　网柱
13.4米
3.88米
前发球线
右发球区　左发球区
中线

※场地线宽40毫米，中间网高1.524米，双打边线处网高1.550米。

第1章
基本技术

要想正确击球，
靠的不仅仅是挥拍，
脚下步法和全身力量的运用也是非常重要的。
为了能够掌握杀球、挑球等的正确打法，
先要学习最基本的技术。

基本技术

练习 001 掌握握拍方法

目标 为了掌握正确的握拍技术，应该学习东方式握拍方法。

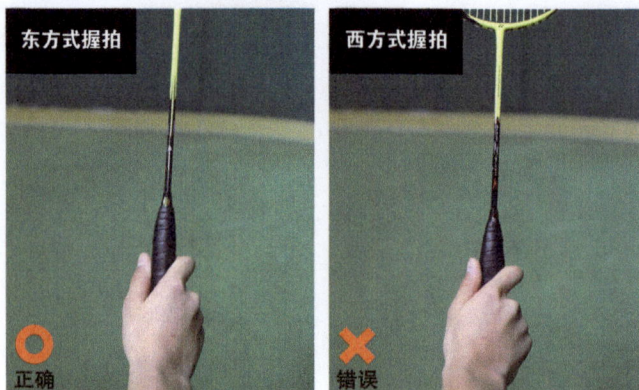

等级 ★

时间 适度

次数 适度

练习步骤

①握拍的时候要确保看到的是侧面拍框。

②用拇指和食指握拍，其他手指自然地贴在拍柄上。

③拇指和食指中间的V字形虎口要对准拍柄内侧斜面，而非拍柄的上平面。

东方式握拍
⭕ 正确

■ 看到的是侧面拍框就是正确的。

西方式握拍
❌ 错误

■ 看到的是拍面则是错误的。

教练笔记 握拍没有经过专业指导的话，很容易变成西方式握拍。这样会影响今后的技术学习，同时还可能会造成身体受伤。

基本技术

练习 002 挥空拍① 头顶球打法

目标 掌握头顶扣杀球和头顶高远球的挥拍方法。

等级 ★

时间 约10分钟

次数 10次×5组

练习步骤

①侧身，左脚在前，右脚在后，左手自然高举。

②持拍手臂向下方挥动击球。

③挥拍的同时身体重心由后脚移到前脚。

■ 左手自然高举。

■ 想象球来了，挥动球拍。

■ 落拍，身体重心由后脚移到前脚。

教练笔记 关键点是要想象球的存在，比如抬手时假定自己已经移动到了落球点等。

借助L形棒练习头顶球

等级 ★

时间 约10分钟

次数 10次×5组

目标 借助手工制作的道具进行训练，可以确认扣杀球的姿势是否正确。

▌单手举起，侧身准备。

▌用杀球的挥拍方法（练习002）击打袋子。

▌挥拍后转移身体的重心。

练习步骤

①棒子的高度和球拍能达到的最高点保持一致。

②为了能够击打到袋子，采用头顶球打法挥拍。

教练笔记 如果挥拍正确的话，球拍打到尼龙袋子时会发出"啪"的一声。用手腕的力量挥拍是不会发出声音的。务必确认是否有声。

L形棒子可以手工制作

这个训练中所使用的是将两根棒子组成L形，再挂上尼龙袋子的手工制作的道具。如果是小学生选手持道具的话，训练过程中可能会出现位置下移的情况，一定要注意拍子不能打到道具。另外，在训练之前，也要根据击打的位置来确定尼龙袋子的高度。这对于防止球拍击打到道具非常重要。

基本技术

杀球

高远球·吊球

网前球

接发球

平抽球

发球

单打的战术训练

双打的战术训练

多球训练

体能训练

基本技术

杀球

高远球·吊球

网前球

接发球

平抽球

发球

单打的战术训练

双打的战术训练

多球训练

体能训练

基本技术

练习
004

握拍方法的转换

目标 ▶ 掌握快速从正手握拍转变为反手握拍的方式。

正手

反手

球拍的朝向相同

拇指要竖起来

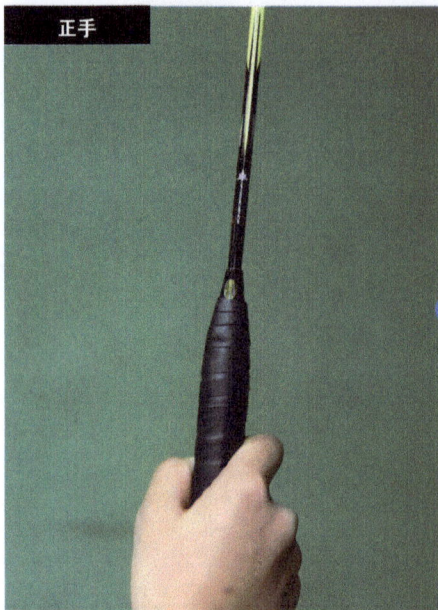

■ 正手握拍方法。拇指横向贴在拍柄上。

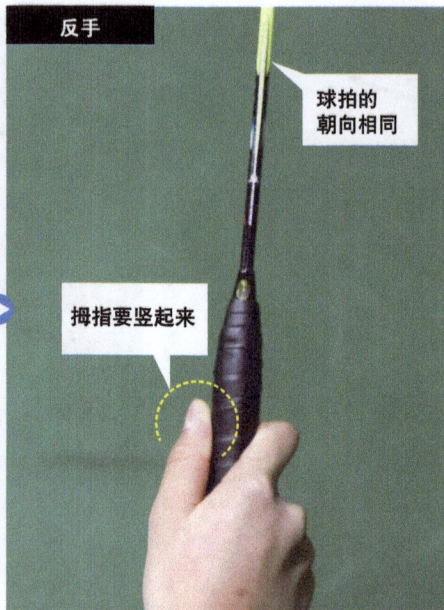

■ 反手握拍方法。拇指要竖起来。

练习步骤

①正手握拍。

②像右侧图片中那样将拇指竖起，转换为反手握拍。

③正反手握拍转换练习。

教练笔记 如果早期不进行反手训练的话，那么就容易变成只会用正手打。若惯用右手击球练到一定程度后，球从右边来就要用正手打，球从左边来就要用反手打。

动作要领及建议 ▶ **打反手球要用拇指发力**

和打正手球不同的是，打反手球时，拇指的运用特别重要。击球时应该找到拇指推动拍柄的感觉。

练习 005

挥空拍②
下手位击球（正手）

等级 ★

时间	约10分钟
次数	10次×5组

目标 掌握打高球或者发长球时的挑球（正手）的挥拍方法。

练习步骤

①想象来球方向，右脚向斜前方迈出一步。

②球拍由下向上挥动。

想象来球方向，迈出右脚。

膝盖弯曲，重心移至右脚。

挥拍，感觉似从下向上捞东西。

教练笔记 球拍由下向上挥动这一点非常重要。向来球方向出脚的话，球拍自然就要由下而上运动。注意反复练习脚下动作。

练习 006

挥空拍③
下手位击球（反手）

等级 ★

时间	约10分钟
次数	10次×5组

目标 掌握打高球或者发长球时的挑球（反手）的挥拍方法。

练习步骤

①想象来球方向，右脚向斜前方迈出一步。

②反手握拍，球拍由下向上挥动。

想象来球方向，迈出右脚。

握拍时，拇指一定要竖起来。

挥拍，感觉似从下向上扫出去。

教练笔记 很多选手挑球时是利用手腕的转动。在日常训练中，应该注意练习手腕以及全身的协调发力。

基本技术

杀球

高远球·吊球

网前球

接发球

平抽球

发球

单打的战术训练

双打的战术训练

多球训练

体能训练

基本技术

杀球

高远球·吊球

网前球

接发球

平抽球

发球

单打的战术训练

双打的战术训练

多球训练

体能训练

基本技术

练习 007

挥空拍④
侧边球（正手）

目标 掌握打平抽球或者接发球时的侧边球（正手）的挥拍方法。

等级 ★

时间 约10分钟

次数 10次×5组

练习步骤

①右脚向右前方迈出一步。

②挥拍的感觉好像在身体的侧前方把球接住一样。

| 向前迈出右脚。 | 面对来球，全身协调用力。 | 感觉好像身体在前方接球一样。 |

教练笔记 这种挥拍方式用于打平抽球等大力击球时使用。用手部力量击球时容易失去重心，所以需要迈出右脚，稳定重心。

基本技术

练习 008

挥空拍⑤
侧边球（反手）

目标 掌握打平抽球或者接发球时的侧边球（反手）的挥拍方法。

等级 ★

时间 约10分钟

次数 10次×5组

练习步骤

①右脚向左前方迈出一步。

②挥拍的感觉好像在身体的侧前方把球接住一样。

| 向前迈出右脚。 | 面对来球，协调全身用力。 | 挥拍时感觉好像在用拇指向外推。 |

教练笔记 挥空拍练习中最重要的是要经常想象球的存在。想象着一个个来球，视线也对准击球点来练习，这是非常有效的。

基本技术

杀球

高远球·吊球

网前球

接发球

平抽球

发球

单打的战术训练

双打的战术训练

多球训练

体能训练

练习 009 接球训练

| 等级 | ★ |

| 时间 | 约15分钟 |
| 次数 | 20~30次 |

目标 掌握前后左右灵活移动的方式，为步法练习打基础，同时养成扣杀球时左手上举的习惯。

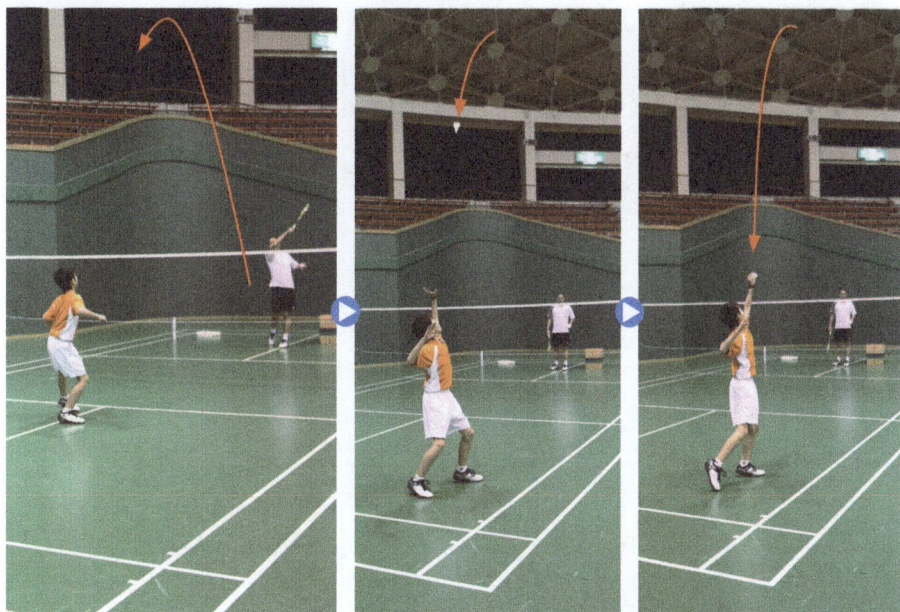

供球者将球大力掷出后，选手从前发球线开始移动。

保持侧身状态，迅速移动至落球点。

手在面前向上伸直接球。

练习步骤

①供球者位于球场中央，大力向上抛球。

②选手高举左手，保持侧身状态向落球点移动。

③移动至落球点，伸手接球。

教练笔记 从相同的位置开始，供球者分别向球场的右后方和左后方抛球的话，可以顺带练习脚下步法。最好先练习前后移动，熟练后再练习左右移动。

❌ 错误　　❌ 错误

手向左右伸展接球（见左图）、扭转上身接球（见右图）都是错误的。脚下一定要动起来，要移动到球的落点。

基本技术

杀球

高远球·吊球

网前球

接发球

平抽球

发球

单打的战术训练

双打的战术训练

多球训练

体能训练

基本技术

练习
010

投抛羽毛球

目标 掌握前后移动的方式，为步法练习打基础。
投抛羽毛球时，还能练习到打头顶球时的动作。

从基本站位处向前方移动取球。

沿中线向后场移动。

向远处大力抛出羽毛球。

练习步骤

①从基本站位处开始移动，到前发球线处取球。

②面向前方，保持侧身状态退至后场。

③直线抛出羽毛球后，取下一个球。

教练笔记

本练习虽是为了记住脚下的步法移动，但是投抛羽毛球的动作和头顶球的打法是相通的，因此练习时不可大意。

动作要领 及建议

注意重心的转移

与打头顶球时需要注意脚下的重心转移一样，抛出羽毛球后向前迈脚，再和后面的取球动作衔接起来练习。

练习 011 脚尖接羽毛球

时间 约10分钟

次数 10次×3组

目标 掌握打高球或者网前吊球时所必需的向前移动的步法基础。

羽毛球被抛出后，脚下快速移动。

移动至落球点。

一定要用右脚脚尖接球（如果惯用左手的话，那么则用左脚脚尖接球）。

练习步骤

①供球人用手向网前掷出羽毛球。

②选手从基本站位处开始，向落球点移动。

③在羽毛球落地前伸出右脚，用脚尖接球。

教练笔记 打高球和网前吊球时，关键点是迈出的脚必须和来球是同一个方向。为了尽早地养成这种习惯，好好练习用脚尖接羽毛球吧。

动作要领及建议 在实际击球时，膝盖是弯曲的。因此，在训练过程中，脚尖接触到羽毛球时也应弯曲膝盖。

基本技术 / 杀球 / 高远球·吊球 / 网前球 / 接发球 / 平抽球 / 发球 / 单打的战术训练 / 双打的战术训练 / 多球训练 / 体能训练

基本技术

杀球

高远球·吊球

网前球

接发球

平抽球

发球

单打的战术训练

双打的战术训练

多球训练

体能训练

基本技术

练习 012 颠球

等级 ★★

| 时间 | 约10分钟 |
| 次数 | 50~100次 |

目标 记住使用全身力量击球的感觉，体会打羽毛球的乐趣。

练习步骤

①在身体正前方持球，向正上方击打。

②不是单次击打，而是连续多次。

③熟练后，可以正反手交替进行。

■ 使出全身力量击球。

■ 连续击球不使球落地。

教练笔记 一开始的时候如果击球过高的话，很容易导致动作走样。因此向正上方击球时，球的位置略低一些也可以。

基本技术

练习 013 1对1坐打羽毛球

等级 ★★

| 时间 | 约10分钟 |
| 次数 | 能持续多久则持续多久 |

目标 打直线球的练习。找到做游戏的感觉，体会打羽毛球的乐趣。

练习步骤

①两人保持半个球场左右的距离，1对1相向而坐。

②保持坐着的状态，向对方打直线球，双方持续练习。

■ 相向而坐，相互击球。

教练笔记 如果是小学生的话，因习惯打远球，距离太近恐怕难以进行训练。因此不要拘泥于距离，距离适合对打练习就可以，关键是要打直线球。

第2章
杀球

这是羽毛球最重要的打法。
比赛中打好杀球，
不仅能够掌控比赛节奏，
而且也能为打好高远球和吊球打下基础，
因此要熟练掌握。

基本技术

杀球

高远球·吊球

网前球

接发球

平抽球

发球

单打的战术训练

双打的战术训练

多球训练

体能训练

杀球

技术解说 杀球

动作要领 1	举起左右手，快速移动至落球点
动作要领 2	感觉像是用左手抓球
动作要领 3	左手向下落的同时，右手挥拍下压

技术解说 击球瞬间全身协调用力，找到大力将球推出的感觉

杀球时，首先要像去抓羽毛球一样高举左手，迅速移动至落球点处。如果做不到这一点，是接不到球的。其次，挥拍不是一开始的时候就用力，而是在击球的瞬间开始发力，将球推出。另外，为了应对下一个来球，快速归位也是非常重要的，要经常注意调整身体重心，迅速回到基本位置上。

基本技术

杀球

高远球·吊球

网前球

接发球

平抽球

发球

单打的战术训练

双打的战术训练

多球训练

体能训练

注意这里!

为了接对方回球时能够迅速移动，需要调整脚下重心

| 动作要领 4 | 击球瞬间发力 | 动作要领 5 | 挥拍的过程中，调整脚下重心 | 动作要领 6 | 右脚交换至前方，将身体重心转移至右脚 |

错误

移动至落球点是最关键的

如果身体没有完全移动到球的落点，击球点就会向后方或者两侧偏移，从而使身体失去平衡。即便能打到球，很多时候球也会出界。

错误

不屈膝的话就无法发力

这种情况也是由于身体没有完全移动到落球点。勉强过去击球，膝盖还是挺直的。采用这样的姿势，力量是无法传递到球上的。

基本技术

杀球

高远球·吊球

网前球

接发球

平抽球

发球

单打的战术训练

双打的战术训练

多球训练

体能训练

杀球

练习 **014** 网前杀球

时间 约15分钟
次数 10次 × 10组

目标 培养杀球时的球感的训练。
这项训练可以避免多余的动作，容易掌握正确的击球姿势。

击球前和击球后位置保持不变。

要有将球扣压到对方场区的意识。

练习步骤

①选手在发球线前方侧身准备。
②供球者用手向网前高抛羽毛球。
③选手原地不动杀直线。

动作要领 **及建议**

**对于小学生选手
可以适当降低球网高度**

如果是小学生选手，可以将球网降至与选手视线相同的高度。如果球网过高的话，扣球时过于追求使球过网，姿势就会变形。重要的是考虑选手的将来。选手将来还会长高，所以进行现阶段训练时降低球网高度是效果最好的。

教练笔记 和接球训练（第27页）一样，打扣杀球时举起左手是非常关键的。另外，在本项训练中，和球拍准确击打到羽毛球比起来，大力挥拍扣压的过程更为重要。

杀球

练习
015

从后场移动到前场杀球

等级 ★

时间 约15分钟

次数 20~30次

目标 向前场移动的同时计算杀球的时机，具体地感受扣杀球的击球点。

在基本站位略靠后的位置（球筒中间）做好准备。

供球者击出高球后，选手向前场移动。

在最恰当的时机大力扣杀。

练习步骤

①选手在比基本站位略靠后的位置做准备（最好用羽毛球筒做记号）。

②供球者向网前击出高球。

③选手从后场向前场移动，直线扣杀。

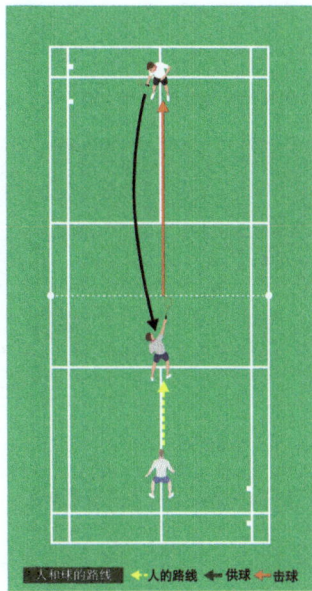

人和球的路线 ◀━ 人的路线 ◀━ 供球 ━▶ 击球

教练笔记 本项训练中需要注意的是选手扣杀时的击球点。对方击出高球后，选手调整时机向前场快速移动，掌握扣杀球的击球点。

基本技术

杀球

高远球·吊球

网前球

接发球

平抽球

发球

单打的战术训练

双打的战术训练

多球训练

体能训练

杀球

练习 016

网前两侧移动杀球

时间　约10分钟

次数　20~30次

目标 培养向两侧移动后杀球的球感，把握在正确的击球点触球的感觉。

■ 在前发球线的中央准备引拍。

■ 供球者击出高球后，选手开始移动。

■ 最好在扣杀落点处放置羽毛球筒做标记。

练习步骤

① 供球者向网前左侧或右侧击出高球。

② 选手迅速向来球方向移动，直线扣杀。

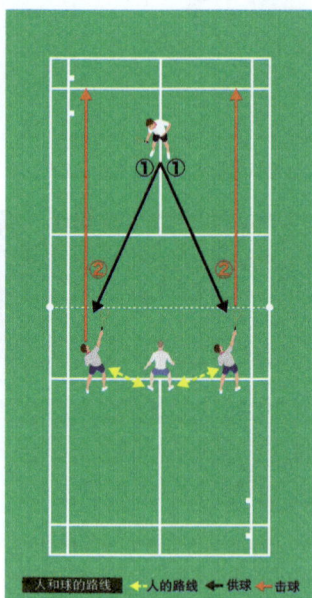

人和球的路线　←人的路线　←供球　←击球

教练笔记 本项训练中，注意要快速移动到落球的位置。此外，扣杀的路径限定为直线而非斜线，这样即便是向两侧移动也不会压腕，而是自然地全身协调用力。

练习 017

从前场退到后场杀球

等级 ★

时间 约15分钟

次数 20～30次

基本技术

杀球

高远球·吊球

网前球

接发球

平抽球

发球

单打的战术训练

双打的战术训练

多球训练

体能训练

目标 培养在退向后场的同时杀球的意识，把握找准击球点触球的感觉。

■ 在前发球线的中央侧身，准备引拍。

■ 供球者击出高球后，选手保持侧身状态向后场移动。

■ 退至落点，扣杀使球过网。

练习步骤

①供球者向后场中央击出高球。

②选手从基本站位处向落球位置移动，杀球。

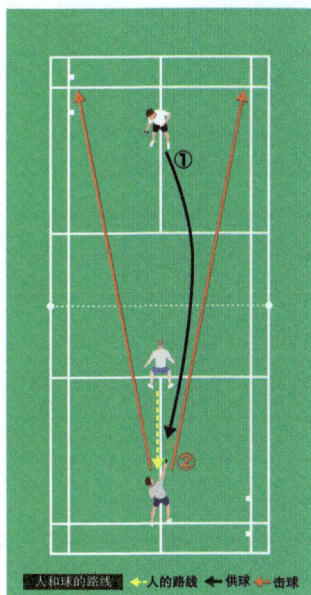

人和球的路线 → 人的路线 ← 供球 ← 击球

教练笔记 如果是小学生选手，面向正前方做引拍准备时，有的人会直接保持面对正前方的状态向后退。此外，如果不能很好地扣杀，可以反复进行接球训练（第27页）。

037

基本技术

杀球

高远球·吊球

网前球

接发球

平抽球

发球

单打的战术训练

双打的战术训练

多球训练

体能训练

杀球

练习 018

等级 ★★

向后场两侧移动杀球

时间 约15分钟

次数 10次×5组

目标 培养在向两侧后退的同时全身协调用力杀球的感觉。

在基本站位处准备引拍。

为了防止压腕，面对来球要全身协调用力。

做接对方回球的准备，击球时要换脚。

练习步骤

①供球者交替向球场右后方和左后方击出高球。

②选手向来球方向移动，杀直线球。

③杀球后回到基本站位处，继续反方向练习。

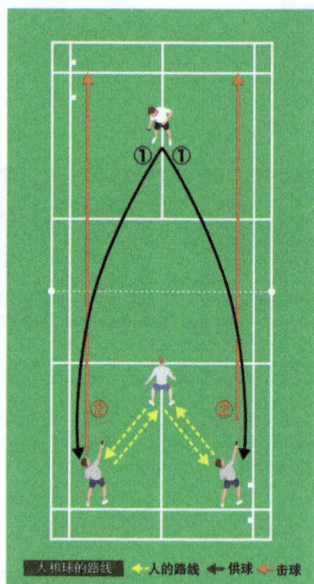

人·相球的路线　→人的路线　←供球　→击球

教练笔记 向后场两侧移动杀球时，球拍跟着球走的话，很容易就会压腕。只有全身协调用力才能打出直线球，因此，要限定只能打直线球，并且一定要移动到落球的位置。

基本技术

杀球

高远球·吊球

网前球

接发球

平抽球

发球

单打的战术训练

双打的战术训练

多球训练

体能训练

● 10 人左右同时训练的方法

▎在基本站位处放一把椅子，
下一个击球的 B 选手用球拍轻触椅子做准备。

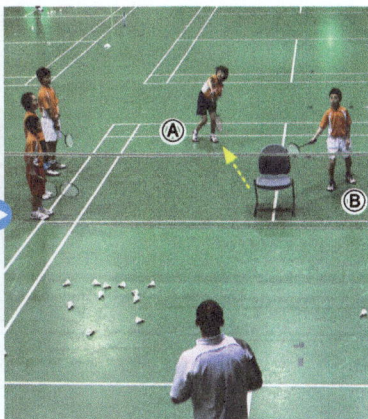

▎A 选手向后场移动并直线扣杀。

▎A 选手击球后到另一侧排队，等候下一次击球。

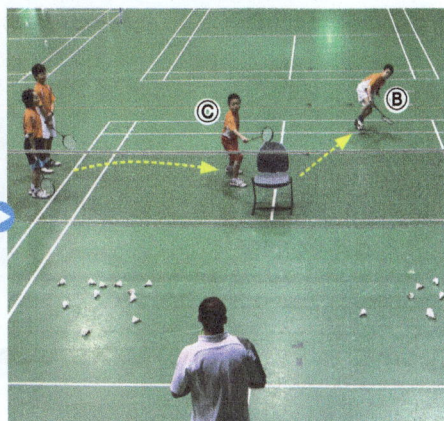

▎另一侧的 B 选手击球时，C 选手在基本站位处做准备。

動作要領
及建议

多人训练时的方法与技巧

小学生俱乐部等人数较多的球队，苦于协调安排场地的情况应该不在少数。因此，可以利用全场，向两侧交替发球，这样可以使训练效率更高。选手在球场两侧排队，轮到自己时先用球拍轻触基本站位处的椅子做准备。供球者击球出球后，选手开始移动。此外，需要注意的是杀球时要杀直线。

基本技术

杀球

高远球·吊球

网前球

接发球

平抽球

发球

单打的战术训练

双打的战术训练

多球训练

体能训练

杀球

练习 019

杀直线球和对角线球的打法区别

等级 ★ ★ ★

时间　约15分钟

次数　10次×5组

目标　区分杀直线球和对角线球的打法。
分别练习正手杀球和头顶杀球。

对方出球后，选手向后场边线移动。

按照杀直线球→杀对角线球的顺序练习。

练习步骤

①供球者站在场地中央，向球场右后方击出高球。

②选手从基本站位处向右后方移动。

③选手正手杀直线球后，回到基本站位处。

④供球者再次向球场右后方击出高球，选手正手杀对角线球。

⑤头顶杀直线和对角线球也是相同的练习方法。

教练笔记　杀对角线球时，从击球瞬间到挥拍下压，比较理想的是身体始终朝向对角线的方向。如果面朝正前方，就变成用球拍将球带到对角线上，会导致难以发力。

动作要领及建议

杀对角线球时身体的朝向很重要

正确

▲和杀直线球一样，关键是全身协调用力。

错误

▲只靠手腕的力量是无法打出有力量的斜线杀球的。

基本技术

杀球

高远球·吊球

网前球

接发球

平抽球

发球

单打的战术训练

双打的战术训练

多球训练

体能训练

练习
020 **跳杀**

等级 ★★★★

时间 约15分钟

次数 10次×3~5组

目标 练习掌握跳杀球的打法。
姿势协调才能打好跳杀球，因此要牢记击球时的姿势和技术要领。

练习步骤

①供球者向后场击出直线高球。

②选手从基本站位处向后场移动，起跳杀球。

快速移动到落球位置。

摆出标准姿势。

不是向正上方起跳，而是略向前起跳。

设计杀球线路，打出角度。

做好接对方回球的准备。

教练笔记 过去都认为跳杀是男子选手的打法，但是近年来，女子选手中打跳杀球的人也越来越多。用好了便是利器，不妨挑战一下自己。

动作要领及建议 为了能跟上来球，要快速后退。比较理想的起跳方式是略向前起跳，而非向正上方起跳。不要退至双打后发球线以后再起跳杀球，因为这样很容易来不及接对方的回球。

基本技术

杀球

高远球·吊球

网前球

接发球

平抽球

发球

单打的战术训练

双打的战术训练

多球训练

体能训练

杀球

练习
021

反手杀球

等级 ★★★★

时间 约15分钟

次数 10次×5组

目标 ▷ 掌握反手杀球的打法，培养快速接后场球的感觉。

▌快速移动至落球点。

▌迈出右脚，面对来球全身协调用力。

▌调整时机，用力挥拍下压。

练习步骤

① 快速移动至落球点。

② 迈出右脚，面对来球全身协调用力。

③ 在身体的前方（此时身体的后方是球网）击球。

教练笔记 小学生的肌肉力量较弱，在教小学生反手杀球时，应该从前场开始练习把握杀球的时机，而不要从后场反手杀球开始练习。

动作要领 及建议

▲ 虽然难度很高，但是可以扭转不利的局面。

可以把对方调动起来并且使形势逆转的打法

反手杀球的打法多在比赛中对方连续进攻时使用，击球时往往自己的姿势摆不到位。但是，对方回球力量不足时采用反手杀球，可以有效破坏对方的主动权。反手杀球一旦力量不足，身体便会失去平衡，很容易失误，因此击球时要全身协调，用力扣压。

杀球

等级 ★★★★

练习 022 杀球的多种打法

⏱ 时间　约15分钟

👆 次数　10次×5组

目标

对于随机而来的球
用已掌握的不同的扣杀球打法进行杀球的实战性训练。

供球者需要在击出的高球的多样性方面下功夫。

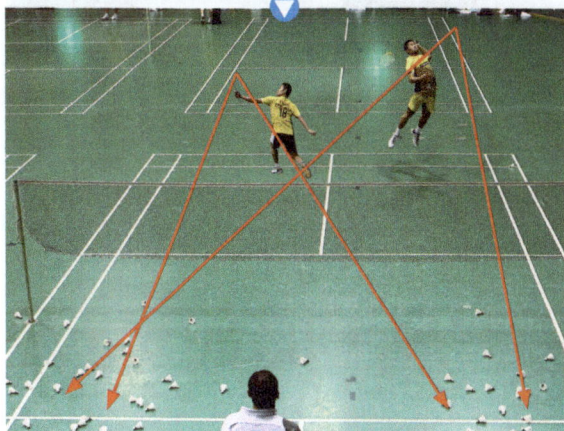

选手需要根据来球进行判断，选择有效的杀球方法。

练习步骤

①为了让选手能使用到多种扣杀球打法，供球者要不断变化球路、高度以及球速，随机击出高球。

②选手面对来球，采用杀直线球、杀对角线球、跳杀、反手杀球等不同的打法扣杀。

教练笔记

能够根据情况选择不同的杀球方法，在比赛中是比较有利的。通过反复进行该项训练，记住在不同的球路、球速和高度的情况下，自己可以选择哪种扣杀方法。

动作要领及建议

紧紧盯住供球者击出的球，要提前移动且要全身协调用力。如果能够很好地完成扣杀，那么其他的打法也就自然变得容易了。

高远球·吊球

网前球

接发球

平抽球

发球

单打的战术训练

双打的战术训练

多球训练

体能训练

基本技术

杀球

高远球·吊球

网前球

接发球

平抽球

发球

单打的战术训练

双打的战术训练

多球训练

体能训练

杀球

练习 023

正手上网步法
→正手杀球

时间 约15分钟

次数 8~10次×3~5组

目标 假设正手上网打出了一个好球，
从前场移动到后场杀球，创造得分点。

正手上网，做挑球的挥空拍动作。

练习步骤

①选手从基本站位处开始移动。正手
　上网，做挑球的挥空拍动作。回到
　基本站位。

②供球者向球场右后方击出高球。

③选手正手杀直线球。

供球者在选手回到基本站位后大力击出高球。

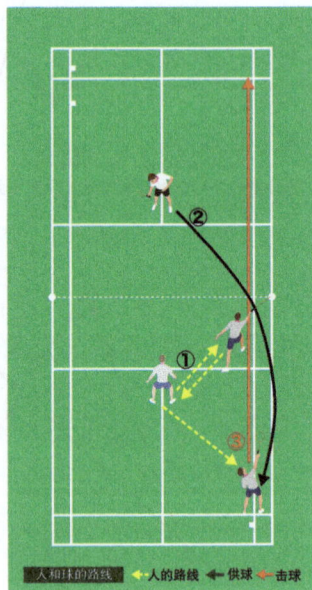

正手杀球的球路要争取能够直接得分。

人和球的路线 　→人的路线 ←供球 ←击球

教练笔记 掌握从正手上网的
脚下步法移动到杀
球的一连串动作。

但是，因为固定了移动模式，往
往容易忘记返回基本站位。这点
一定要注意。

练习 024 反手上网步法 →头顶杀球

时间 约15分钟

次数 8~10次 × 3~5组

目标 假设反手上网打出了一个好球，从前场移动到后场杀球，创造得分点。

反手上网，做挑球的挥空拍动作。

供球者在选手回到基本站位后大力击出高球。

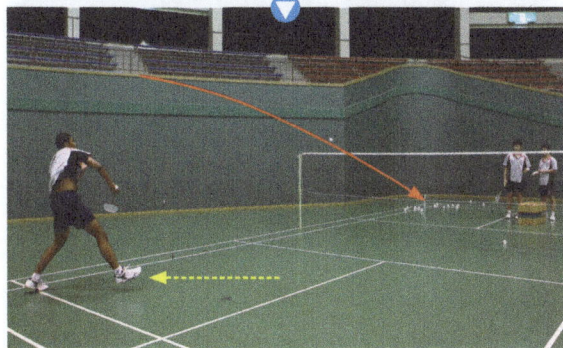

头顶杀球的球路要争取能够直接得分。

练习步骤

①选手从基本站位处开始移动。反手上网，做挑球的挥空拍动作。回到基本站位。

②供球者向球场左后方击出高球。

③选手头顶杀直线球。

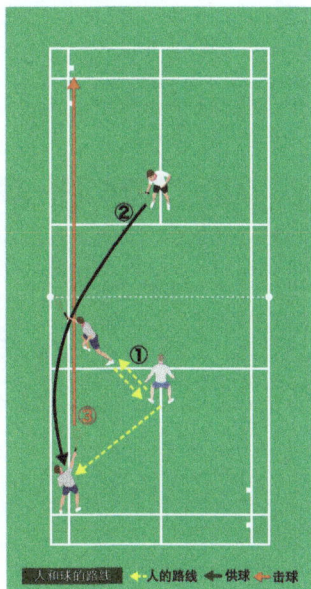

人和球的路线 → 人的路线 ← 供球 ← 击球

教练笔记 供球者原则上是在选手返回到基本站位后开始击球，也可以尝试调整击球时机。这样一来，选手就会有返回基本站位的意识，这样的训练更接近实战。

基本技术

杀球

高远球·吊球

网前球

接发球

平抽球

发球

单打的战术训练

双打的战术训练

多球训练

体能训练

基本技术

杀球

高远球·吊球

网前球

接发球

平抽球

发球

单打的战术训练

双打的战术训练

多球训练

体能训练

杀球

练习 **025**

正手边线的移动步法→正手杀球

等级 ★★★

时间 10~15分钟

次数 8~10次×3~5组

目标 ▶ 掌握从边线退到后场全身协调用力杀直线球的打法。

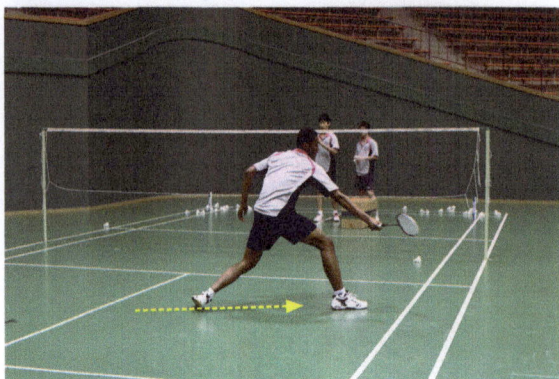

向边线移动时挥空拍。

选手回到中心位置时供球者击出高球。

练习步骤

①选手从中心位置向正手边线移动，做打边线球的挥拍动作。回到中心位置。

②供球者向正手后场击出高球。

③选手接正手后场球时杀直线球。

④向反手边线移动→以同样的方式练习头顶杀球。

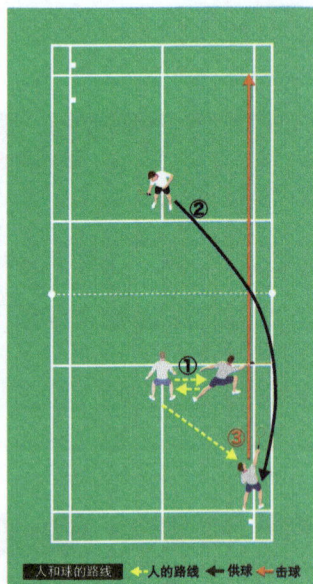

人和球的路线 ◀ 人的路线 ◀ 供球 ◀ 击球

教练笔记：对于小学生或者初学者而言，追求杀球路线是非常难的，因此应首先练习打直线。杀直线能打好的话，杀对角线也就没有那么难了。

动作要领及建议 **大力挥拍**

刚开始的时候，杀球出界了也不要紧。首先需要注意的是一连串动作的流畅以及全身协调用力杀球，不要担心杀球出界。

等级 ★ ★ ★

练习 026

正手杀球的移动步法 →头顶杀球

时间　约15分钟

次数　8~10次×3~5组

目标 ▷ 掌握向正反手后场移动中保持身体平衡杀球的打法。

在正手后场做杀球的挥拍动作。

选手回到中心位置后，供球者击出高球。

头顶杀直线球。

练习步骤

①选手从中心位置向正手后场移动，做杀球的挥拍动作。返回中心位置。

②供球者向反手后场击出高球。

③选手头顶杀直线球。

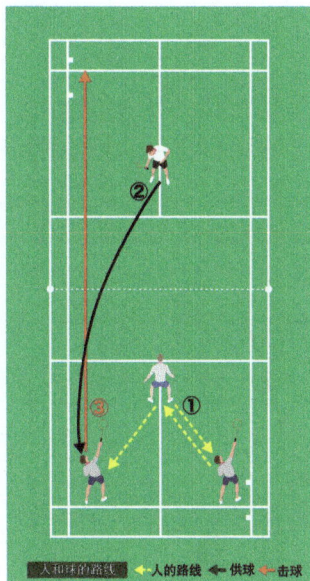

人和球的路线　← 人的路线　← 供球　← 击球

教练笔记 为了培养击球后回到中心位置的意识，在正手后场不给选手击球的机会。追球的过程中很容易大意，因此请将击球后返回中心位置作为起点。

基本技术

杀球

高远球·吊球

网前球

接发球

平抽球

发球

单打的战术训练

双打的战术训练

多球训练

体能训练

基本技术

杀球

高远球·吊球

网前球

接发球

平抽球

发球

单打的战术训练

双打的战术训练

多球训练

体能训练

杀球

左右两侧跳杀

等级 ★★★★

时间 约10分钟

次数 8~10次×3~5组

目标 练习向两侧起跳杀球。掌握起跳时的击球范围。

起跳前右脚先向右跨一小步，调整步幅。

判断来球路线后起跳。

杀直线球。

用同样的方法练习头顶杀球。

练习步骤

①供球者向选手起跳时的击球高度范围内给出高球。

②选手为了调整步幅，在中心位置向来球方向小跨一到两步。

③起跳，大力扣杀。

教练笔记

跳杀是为了打快攻，经常会没办法像练习那样交换重心脚之后再做动作。因此，难度很大，中小学生打跳杀球很容易姿势走形，因此应避免强行练习。

杀球

杀球

高远球·吊球

网前球

接发球

平抽球

发球

单打的战术训练

双打的战术训练

多球训练

体能训练

练习 028

后场队员杀球 (针对双打的多球训练)

等级	★★★★

⏱ 时间	约10分钟
✋ 次数	15~20次×3~5组

目标 ▷ 假设目前是双打后场队员的多球训练。培养对杀球球路和球速的思考能力。

▌供球者注意变换球的高度和路线。

▌选手起跳杀球，或者根据情况选择其他杀球方式。

▌注意击球后返回中心位置。

练习步骤

①供球者向后场任意（第19页）击出高球。

②选手从中心位置稍向后退做准备，面对来球选择恰当的杀球方式。

教练笔记

虽说是杀球的多球训练，但并不意味着杀球成功就可以了。尤其是双打中，后场队员的杀球可以决定自身是处于有利还是不利的局面。要下功夫变换击球姿势，以改变球路和角度，甚至球速。

☞ 动作要领 及建议

在训练中，要想象成是在比赛。如果只是单纯击球的话，那么效果会大大减弱的。

基本技术

杀球

高远球·吊球

网前球

接发球

平抽球

发球

单打的战术训练

双打的战术训练

多球训练

体能训练

羽 毛 球 专 栏

专栏①

羽毛球是
专攻对方弱点的运动

羽毛球运动吸引人之处有很多，其中的"速度感"可以说是其最主要的魅力之一。世界顶级选手杀球时的初速度超过400千米／小时。更出乎意料的是，同样是杀球的动作，也能打出速度接近零的球。我想，这种极端的缓急之差在其他体育运动中是无论如何也感受不到的。

此外，利用好这种缓急之差，多回击对方的弱点区域，一步步赢得比赛也是打羽毛球的乐趣所在。对方运用假动作时将计就计顺势得分后无比喜悦，持续对拉阻止对方进攻时也乐在其中。读到这里你可能会觉得"羽毛球居然是一个让对方为难的运动啊……"。

然而，说羽毛球运动是为难对手，并没有说谎。羽毛球运动没有对方球员，就没办法进行，因此并不是自己想怎样打就怎样打那么简单的。有时候要出其不意，有时候则要专攻对方的弱点。一旦对方击球动作变形，那么机会就来了。

正因如此，羽毛球运动里，和对方"耍花招"是非常重要的。真正开始对拉的时候，对方也会回球过来，所以必须思考战术。不能一味地鲁莽进攻，重要的是去把握对方的心理和弱点，并加以利用。因此，比赛中要观察对方的弱点。

打羽毛球时随机应变很重要

当然，这只是比赛场上惯用的思维方式。比赛中，稍有松懈，就会被对方借机占据主动。虽然团体比赛可以靠团队合力控制比赛节奏，但是羽毛球比赛中，场上一方最多只有两个人，必须自己或者和同伴一起扭转不利局面。想要取得比赛的胜利，就必须横下心来专攻对方的弱点。

羽毛球之所以吸引人，还在于它不分年龄。从老人到孩子，无论是谁都能从中找到乐趣。男女混合打比赛，小学生和老年选手对拉的场景并不稀奇。因为大家在同一个球场、同样的规则下打比赛，因此可以说羽毛球是为数不多的能够超越年龄、靠力量决定胜负的运动。

如果换作棒球或者足球，职业选手和高中生对决的话，自然是职业选手会取胜。然而羽毛球可以有对拉，成人单纯依靠手腕力量是没有办法赢球的。换言之，在羽毛球的世界里，如果综合能力强，即便是高中生也可以向冠军发起冲击。

第3章
高远球·吊球

掌握了杀球的打法后，接下来学习高远球和吊球的打法。
打对方后场，
高远球和网前吊球是
掌握比赛主动权必不可少的打法。

基本技术

杀球

高远球·吊球

网前球

接发球

平抽球

发球

单打的战术训练

双打的战术训练

多球训练

体能训练

技术解说

高远球

动作要领 **1** 和打扣杀球一样，要快速移动至落球点

动作要领 **2** 左手自然高举，感觉像是要抓球

动作要领 **3** 左手向下落的同时，开始挥拍。截至这里和扣杀球动作一样

技术解说 **除了最后的击球，其余都和杀球一样**

高远球的移动步法和手法都和扣杀球一样。左手自然高举的同时，迅速移动至落球点后挥拍击球。打头顶球时，如果移动到击球点的动作不一样，打法很容易被对方察觉，因此只有击球时才能看出较大的差别。打扣杀球是向下挥拍击球的感觉，而打高远球时则是向上将球推出的感觉。

基本技术

杀球

高远球·吊球

网前球

接发球

平抽球

发球

单打的战术训练

双打的战术训练

多球训练

体能训练

注意这里！

触球瞬间向上将球推出

| 动作要领 4 | 击球时是向上将球推出的感觉 | 动作要领 5 | 挥拍过程中换重心脚，右脚向前迈 | 动作要领 6 | 将身体重心移到右脚后前移 |

高远球的击球点在头顶正上方

右图是扣杀球的击球点，左图是高远球的击球点。虽然同样是头顶球，但是不难看出高远球的击球点是位于头顶正上方。因为是被动情况下常用的打法，所以必须注意的是，如果击球点过于靠后就会失去平衡，进而造成击球没有力量。

▲ 高远球的击球点。　▲ 扣杀球的击球点。

基本技术

杀球

高远球·吊球

网前球

接发球

平抽球

发球

单打的战术训练

双打的战术训练

多球训练

体能训练

高远球

练习 029

右侧正手高远球

等级 ★ ★

时间　约15分钟

次数　8~10次×3~5组

目标 ▷ 假设比赛中处于被动局面，在正手后场打高远球。

供球者将球击出后，选手开始步法移动。

击球时换重心脚，每次击球后返回中心位置。

练习步骤

① 供球者位于球场中央，向正手后场用力击球。

② 选手从中心位置向正手后场移动，高远球打直线。

人和球的路线　◀━ 人的路线　◀━ 供球　◀━ 击球

教练笔记 首先要考虑的是准确地移动到落球点。适应了之后，就不要只停留在击球练习了。可以迟一些移动，或者打对角线高远球等，根据移动时机来选择不同打法的训练方式效果更好。

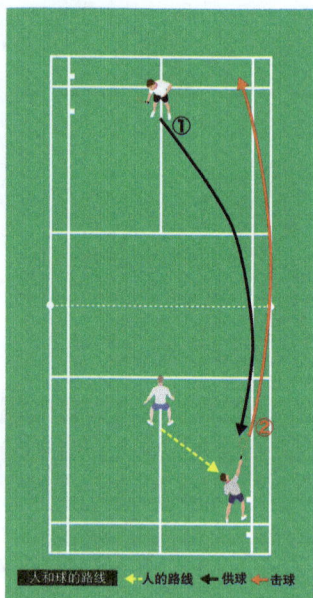

动作要领 及建议

打高远球和打扣杀球时一样，注意必须换重心脚。尤其是肌肉力量较弱的中小学生，在现阶段培养换脚后返回中心位置的习惯是非常重要的。

基本技术

杀球

高远球·吊球

网前球

接发球

平抽球

发球

单打的战术训练

双打的战术训练

多球训练

体能训练

练习 030 左侧头顶高远球

等级 ★★

🕐 **时间** 约15分钟

📋 **次数** 8~10次×3~5组

目标 ▶▶ 打好头顶球。

■ 首先要考虑的是快速移动到落球位置。

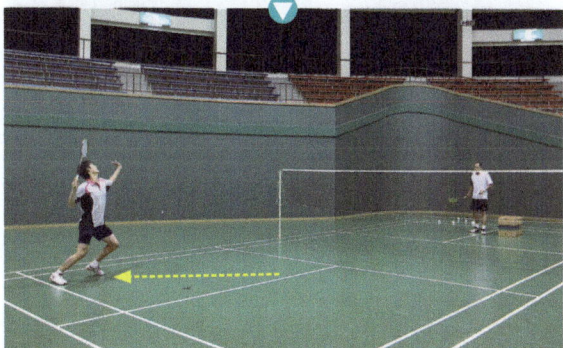

■ 在落球点处伸直手臂击球。

■ 打出高远球后换重心脚。

练习步骤

①供球者站在球场中央,向反手后场用力击球。

②选手从中心位置向反手后场移动,头顶高远球打直线。

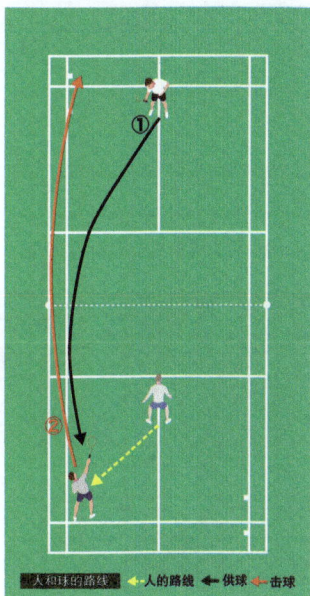

人和球的路线 ◀ 人的路线 ◀ 供球 ◀ 击球

📋 **教练笔记** 擅长头顶球的选手,在球来的时候,会用左手定位球的落点。然后,保持左手位置不变,转动身体到落球点后击球。

基本技术

杀球

高远球·吊球

网前球

接发球

平抽球

发球

单打的战术训练

双打的战术训练

多球训练

体能训练

高远球

高远球的左右两侧交替练习

等级 ★★

时间 约15分钟

次数 8~10次×3~5组

目标 交替练习右侧正手高远球和左侧头顶高远球，培养快速移动到击球点的感觉。

■ 每次打完高远球都要返回中心位置。

■ 即便知道是左右两侧交替给球，也要判断球路后再移动。

练习步骤

① 供球者站在球场中央，交替向正手后场、反手后场用力击球。

② 选手从中心位置开始移动，右侧正手高远球打直线和左侧头顶高远球打直线交替练习。

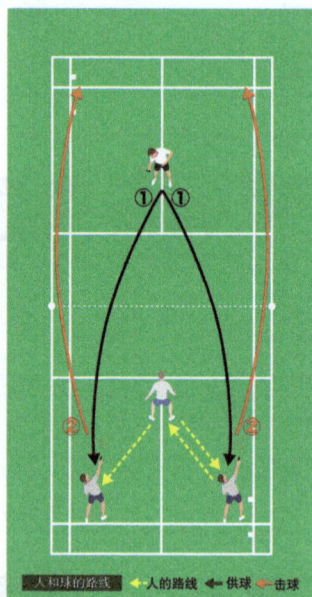

人和球的路线　人的路线　供球　击球

教练笔记
略微有些单调的训练项目。如果训练时能适当进行调整，那么会更具有实战性。例如假设第一个球自己处于被动局面，击球时想着一定要将球打到界内，第二个球则假设已经调整完站位，要打平高球。

🠔 **动作要领及建议**

小学生训练时，可以在中心位置处放一把椅子，要求他们每次击球后都要触碰椅子，这样有利于培养他们击球后返回中心位置的意识。

基本技术

杀球

高远球·吊球

网前球

接发球

平抽球

发球

单打的战术训练

双打的战术训练

多球训练

体能训练

练习
032

打高远球前触线

等级 ★★★

⏱ 时间 约5分钟

次数 —

目标 打出高远球后用球拍触碰前发球线，
再次打高远球。培养拉后场高远球的感觉。

大力打出高远球，为触碰前发球线争取时间。

快速移动至前场，触碰前发球线。

击球时要换重心脚，加快返回速度。

练习步骤

①1对1互拉高远球。A选手在后场打出
高远球后，向前场移动并用球拍触
前发球线，之后迅速返回。

②B选手接A选手的高远球后同样回高
远球，然后移动到前场，触碰前发
球线。

③反复进行①和②。

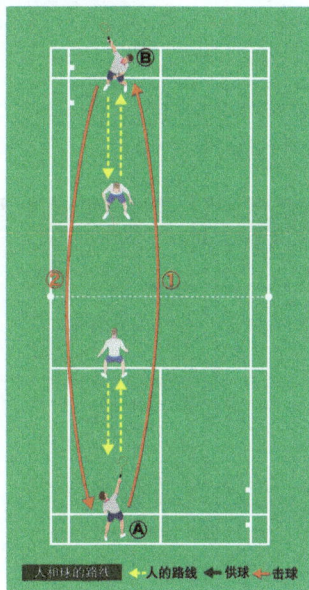

大拍球的路线 ← 人的路线 ← 供球 ← 击球

教练
笔记

本训练内容适合刚
学会高远球打法的
选手。如果触碰前
发球线困难的话，可以在前发球
线处放一把椅子，改成触碰椅子，
以减轻负荷。

基本技术

杀球

高远球·吊球

网前球

接发球

平抽球

发球

单打的战术训练

双打的战术训练

多球训练

体能训练

高远球

练习 033

等级 ★★★

时间 约10分钟

次数 10次×3~5组

超高球

目标 ▶ 掌握比高远球更高，可以赢得时间调整站位的超高球的打法。

面对来球，略迟一些开始移动。

移动至落球点。

打比高远球更高的超高球。

打直线球。

换重心脚，为接对方回球做准备。

练习步骤

①供球者位于后场向对方后场中央发球。

②选手从中心位置向后场移动，打超高球。

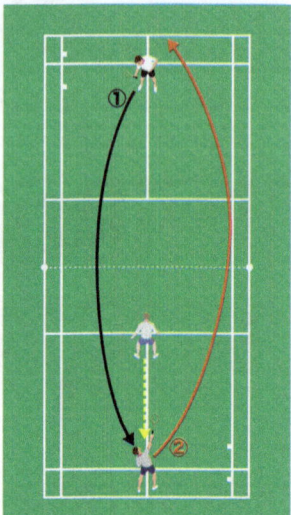

人和球的路线　← 人的路线　← 供球　← 击球

教练笔记 超高球是处于被动局面下为了调整站位而争取时间，球路比高远球更高的一种打法。练习阶段为了让选手了解何时应使用该打法，供球者给出球速较慢、高度较低的平高球为好。此外，还可以让选手略迟一些开始移动，假设处于被动局面等，这样更有助于实战意识的培养。

练习 034 平高球

时间 约10分钟

次数 10次×3~5组

目标 为了调动对方的站位，打高度较低、速度较快的平高球。

供球者大力将球击出后，保持侧身状态向后场移动。

移动至落球点。

击球点位于正前方，打球路较低的平高球。

打直线球。

迅速做接对方回球的准备。

练习步骤

①供球者位于球场中央，向正手后场大力击球。

②选手从中心位置向正手后场移动。打平高球，和普通的高远球不同，击球点在正前方。

超高球和平高球的区别

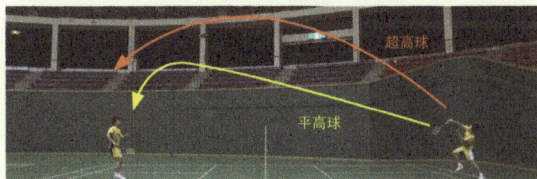

▲超高球的弧线高，而平高球的弧线低。

教练笔记 平高球是对方已调整好接球站位，即便是扣杀球也可能接住的时候，破坏对方接球质量的有效打法。它是介于扣杀球和高远球中间的打法，可以压到对方后场。

基本技术

杀球

高远球·吊球

网前球

接发球

平抽球

发球

单打的战术训练

双打的战术训练

多球训练

体能训练

高远球

练习 035 高远球打直线和打对角线交替练习

时间　约15分钟

次数　8~10次×3~5组

目标 高远球打直线和打对角线的交替练习，每次击球后都要返回中心位置。

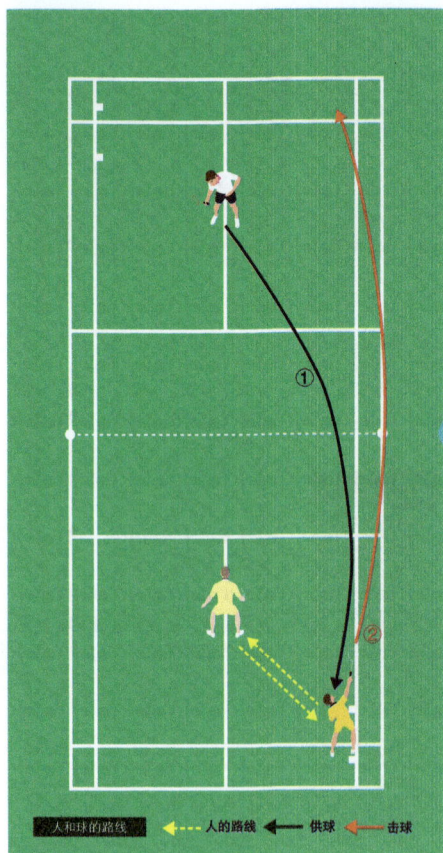

人和球的路线　◀---- 人的路线　◀—— 供球　◀—— 击球

▌对方击出球后开始步法移动。

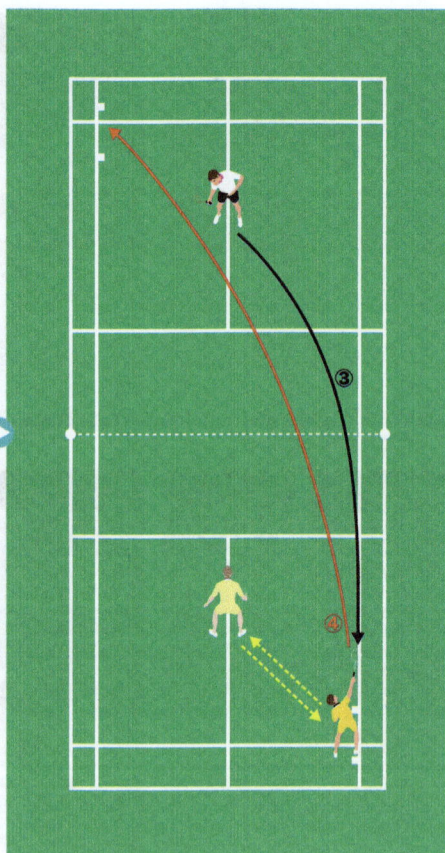

▌击球后返回中心位置。

练习步骤

①供球者位于球场中央，向正手后场或反手后场用力击球。

②选手从中心位置向球的方向移动，打高远球。返回中心位置。

③供球者再次向相同方向击球。

④选手接下来打对角线球。

教练笔记 很多选手正手高远球打对角线时，伸、曲手腕的幅度比扣杀球时还大。打对角线时，击球之前都和打直线一样，关键是要移动到位。

基本技术

杀球

高远球·吊球

网前球

接发球

平抽球

发球

单打的战术训练

双打的战术训练

多球训练

体能训练

高远球

练习 036
根据情况选择不同的高远球打法

目标 假设是在比赛，根据来球的球路，选择不同的高远球打法。

等级	★★★★

🕐 **时间** 约15分钟

✋ **次数** 8~10次×3~5组

练习步骤

①供球者位于球场中央，不断变换球路向后场发球。

②选手看清球路后，从中心位置开始移动。打直线、打对角线等不断变换高远球打法，每次击球后务必返回中心位置。

③在正反手两侧后场分别练习。

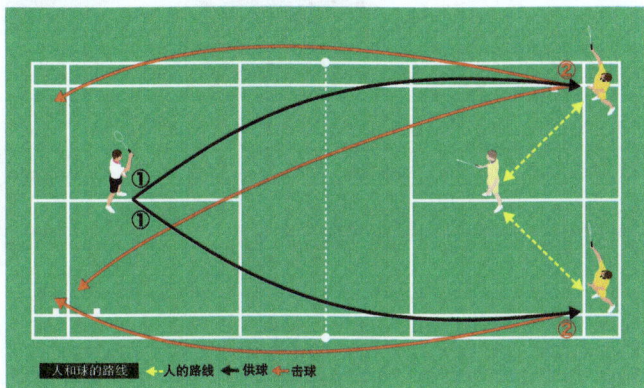

人和球的路线 ▬ 人的路线 ▬ 供球 ▬ 击球

▌调整好站位了就打平高球，没调整好就打超高球。

教练笔记 供球者通过变换球速、高度和角度制造出不同的状况，让选手选择不同的高远球打法。

高远球

练习 037
高远球的2对1全场练习

目标 模仿比赛进行高远球对拉，学会根据情况选择不同的高远球打法。

等级	★★★★★

🕐 **时间** 5~10分钟

✋ **次数** —

练习步骤

①A选手利用全场，分别向B选手和C选手打高远球。

②B选手和C选手在原地。

③设定时间，轮换练习。

▌比通常情况下对拉持续的时间长，每次击球后要返回中心位置。

教练笔记 对拉过程中因为疲劳只是局限于横向移动的话，比赛时被对方放网前球就会失分。因此，一定要培养返回中心位置的意识。

左侧竖排导航：

技术解说 | # 吊球

动作要领 1	和打扣杀球一样，高举左手移动至落球点
动作要领 2	比打扣杀球更要调整好站位
动作要领 3	开始挥拍。所有头顶球打法，截至这一步，动作都一样

技术解说 ## 弧线长度和球路比球速更重要

打吊球时，弧线长度和球路比球速更重要。弧线长的吊球也许看上去很酷，但是速度慢，并且落在发球线前的球让对方接球时更棘手。此外，吊球很容易出现球不过网等失误，因此

和扣杀球比起来，更要注意姿势到位。并且，为了快速应对对方的回球，可以球拍不挥到底来加快接球准备。同时，击球后要回到中心位置。

基本技术

杀球

高远球·吊球

网前球

接发球

平抽球

发球

单打的战术训练

双打的战术训练

多球训练

体能训练

注意这里！

球拍不要挥到底，到这里就停了的感觉

动作要领 4	击球瞬间，拍面正面向内倾斜
动作要领 5	为了加快接对方回球的准备，拍挥到这里就像停了似的
动作要领 6	球拍不挥到底，落地时换重心脚，利用反作用力向前移动

轻吊球的轨迹是抛物线

　　轻吊球（右图）虽然和劈吊球的击球点一样，但是拍面朝向正面，并且在击球瞬间就停止挥拍。和既有角度又有速度、过网就快速下落的劈吊球比起来，轻吊球的轨迹更接近抛物线。

▲ 劈吊球的击球瞬间。

▲ 轻吊球的击球瞬间。

基本技术

杀球

高远球·吊球

网前球

接发球

平抽球

发球

单打的战术训练

双打的战术训练

多球训练

体能训练

吊球

练习
038

右侧正手吊球

时间 约10分钟

次数 10次×3～5组

目标 和打扣杀球及高远球时一样，要迅速移动至落球点后击球。

移动到落球位置，正手吊球打直线。

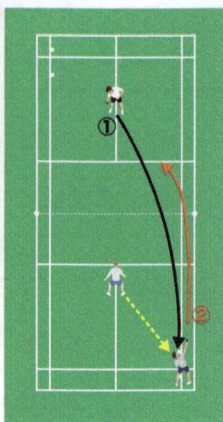

练习步骤

①供球者位于球场中央，向正手后场发球。

②选手从中心位置向正手后场移动，右侧正手吊球打直线。

教练笔记 很多选手一开始的时候是从吊球学起的。然而这样一来，采用吊球打法时就会被对方识破。要按照本书中打法讲解的顺序，从扣杀球开始，之后是高远球，再到吊球的顺序进行训练。

吊球

练习
039

左侧头顶吊球

时间 约10分钟

次数 10次×3～5组

目标 面对来球要移动到位，掌握左侧头顶吊球的击球时机。

打吊球时摆好准备姿势比打扣杀球和高远球时更重要。

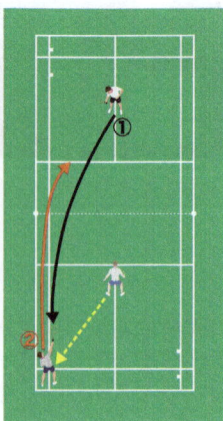

练习步骤

①供球者位于球场中央，向反手后场发球。

②选手从中心位置向反手后场移动，左侧头顶吊球打直线。

教练笔记 吊球如果球路和距离有误的话，那么就对对方有利。球速慢些也不要紧，练习让球落在前发球线的前面。如果可以做到将球打到前场，那么吊长球也就绝非难事了。

练习 040

吊球的两侧交替练习

目标 ▶ 培养即便是向两侧移动，也能保持正确姿势打好吊球的感觉。

■ 击球时重心换到右脚，移动回中心位置。

■ 无论在哪侧击球，都要打直线。

练习步骤

①供球者分别向正手后场、反手后场用力击球。

②选手从中心位置向来球方向移动，打吊球。

③返回中心位置，再次判断来球方向后向另一侧移动，打吊球。

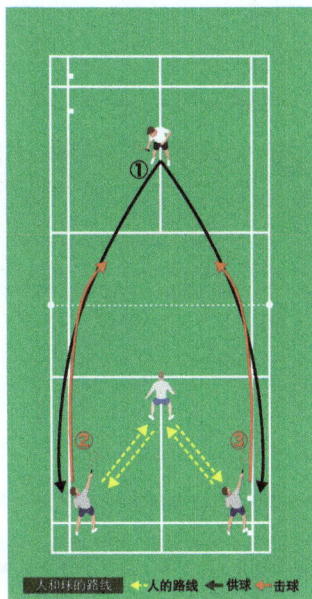

人和球的路线　← 人的路线　← 供球　← 击球

动作要领及建议 带小学生训练时还可以借助椅子。在中心位置摆放椅子，两名选手在左右两侧用球拍触碰椅子做准备。供球者交替向左右两侧发球，选手打右侧正手吊球或者左侧头顶吊球。击球后，到椅子的另一侧排队等候。这样一来，人多的队伍也能够高效地开展训练了（第39页）。

教练笔记 吊球对对方构不成威胁，因此对方的回球很可能是前后左右任意的地方。本训练只是针对对方回球至后场的训练，选手要注意的是，对方也可能回球至前场。

基本技术

杀球

高远球·吊球

网前球

接发球

平抽球

发球

单打的战术训练

双打的战术训练

多球训练

体能训练

基本技术

杀球

高远球·吊球

网前球

接发球

平抽球

发球

单打的战术训练

双打的战术训练

多球训练

体能训练

吊球

练习 041

等级 ★★★★

时间 约15分钟

次数 10次×3~5组

吊对角线球

目标 化解被动局面，
掌握吊对角线球的打法。

快速移动至落球点，摆好准备姿势。

从击球瞬间到击球结束，身体朝向对角线方向。

头顶吊球也打对角线。

练习步骤

①供球者位于球场中央，交替向正手后场和反手后场发出高球。

②选手从中心位置向正手后场移动，吊对角线球。

③回到中心位置，反手吊对角线球。

教练笔记 吊对角线球是化解被动局面时常用的打法，因此容易姿势还没摆到位就击球。比吊直线球更要确保姿势正确，否则失误的概率很大。因此，首先要练习将球打到界内。

动作要领及建议

吊对角线球时，击球的准备姿势是非常关键的。如果没有做好百分之百的准备，就不要勉强吊对角线球，可以选择吊长球或者吊直线球，以将球打到界内为原则。

等级 ★★★★

练习 042 劈吊

时间 约10分钟

次数 10次×3~5组

目标 学习球的下落速度比一般吊球更快、难度更高的劈吊的打法。

快速移动至落球点。

动作和打扣杀球时一样。

击球瞬间拍面转向外侧。

挥拍将球推出。

中间停止挥拍，而不是像打扣杀球那样将拍挥到底。

练习步骤

①供球者位于球场中央，向正手后场发出高球。

②选手从中心位置向正手后场移动，劈吊。

教练笔记 经常能看到有选手勉强打劈吊球，结果自己却乱了节奏（尤其是小学生选手）。劈吊的打法难度很大，因此要在能打好吊对角线球之后再学习劈吊打法。

动作要领及建议 劈吊球的下落速度比一般的吊球要快，如果能打好劈吊球，那么这将会是比赛时的有力武器。但是，同时调整弧线长度和距离难度很大，会加大失误的概率。因此，和吊对角线球时一样，移动到球的下落位置时一定要注意摆好准备姿势。

基本技术

杀球

高远球·吊球

网前球

接发球

平抽球

发球

单打的战术训练

双打的战术训练

多球训练

体能训练

吊球

练习
043

假动作吊球

目标 假装杀球，击球时改为吊球，
掌握迷惑对手的假动作吊球的打法。

■ 第一个球和第二个球打扣杀球。

练习步骤

①供球者向后场击出高球。

②选手第一个球和第二个球打扣杀球，第三个球打假动作吊球。

■ 第三个球打假动作吊球。

■ 击球前和打扣杀球动作相同。

教练笔记 一味地练习假动作吊球的话，选手本人也难以辨别是否真的是假动作。有效的办法就是一边体会扣杀球的动作，一边进行练习。扣杀球打一次也可以。

■ 转换成吊球。

■ 即便球速慢，也要使球的飞行距离变短。

动作要领 及建议

如果击球前的准备动作和打扣杀球不一样的话，即便自己认为是假动作，也会被对方发觉其实是吊球，然后向前场移动做准备。因此要利用第一个球和第二个球充分体会扣杀球的动作后，再打假动作吊球。

第4章
网前球

网前常用的打法包括
挑球、网前吊球和推球。
应该先掌握了最基础的
挑球的打法后，
再练习网前吊球和推球的打法。

基本技术

杀球

高远球·吊球

网前球

接发球

平抽球

发球

单打的战术训练

双打的战术训练

多球训练

体能训练

网前球的技术解说

技术解说

正手挑球

| **动作要领 1** | 迈出右脚，脚尖对准落球地点 | **动作要领 2** | 屈膝，转移重心至右脚，上身不要前倾 | **动作要领 3** | 由下向上大幅度挥拍 |

技术解说 ## 最重要的是脚要对准来球方向

挑球最重要的就是出脚的方向。向落球地点跨步击球，这样就可以摆正身体，自然而然地就可以由下向上挥拍。开始的时候挥拍幅度要大。在大幅度挥拍的过程中如果能找到自己的击球点，那么随着不断进步，自然而然地就能缩小挥拍幅度了。这一点和接发球（第108页）还有平抽球（第132页）是一样的。

注意这里！
跨步的同时，视线也朝向来球方向

| 动作要领 4 | 视线朝向击球方向 | 动作要领 5 | 左手伸向反方向，保持身体平衡 | 动作要领 6 | 调整姿势，回到原位 |

正确的脚下步法

打A球时，如果不像图中那样脚尖对准球的方向的话，很容易造成横向挥拍，即便是想挑直线球，最后也可能将球打出界，或者变成拉对角线球。同样，打B球时，也要将脚尖对准B球的位置。

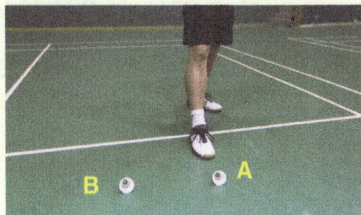

基本技术

杀球

高远球·吊球

网前球

接发球

平抽球

发球

单打的战术训练

双打的战术训练

多球训练

体能训练

基本技术

杀球

高远球·吊球

网前球

接发球

平抽球

发球

单打的战术训练

双打的战术训练

多球训练

体能训练

网前球的技术解说

技术解说

反手挑球

注意这里！
向来球方向跨步

动作要领 1	动作要领 2	动作要领 3
反手握拍	向前跨步，脚尖对准来球的方向	右膝弯曲，利用左手保持平衡

技术解说 ## 注意握拍方式的转换和手法技术

反手挑球的关键点基本和正手挑球一样。如果脚尖没有对准球的方向击球，那么球就会出界。但是，和正手挑球比起来，反手挑球时脚尖很自然地就会朝向来球方向，因此比脚的朝向更重要的是正反手握拍方式的转换等手法技术。还有一点需要注意的是，反手挑球时也是由下向上挥拍。

基本技术

杀球

高远球·吊球

网前球

接发球

平抽球

发球

单打的战术训练

双打的战术训练

多球训练

体能训练

注意这里！

反手击球时感觉像是用拇指将球推出

| 动作要领 **4** 由下向上大幅度挥拍 | 动作要领 **5** 击球时感觉像是用拇指将球推出 | 动作要领 **6** 提起上身，调整姿势 |

转换握拍方式时拇指竖起

反手挑球属于反手球打法，因此如同握拍方法的转换（第24页）中介绍的那样，击球时一定要将拇指竖起来贴在拍柄上。击球后，再变回正手握拍（如左图）。

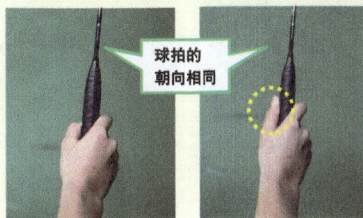

球拍的朝向相同

▲ 正手握拍方法。　　　▲ 反手握拍方法。

基本技术

杀球

高远球·吊球

网前球

接发球

平抽球

发球

单打的战术训练

双打的战术训练

多球训练

体能训练

挑球

练习 044

正手挑球的基本练习

时间 约10分钟

次数 10次×5组

目标 掌握正手网前挑球的正确打法，注意出脚的方式。

供球者向网前抛出球。

选手的脚尖要朝向落球点。

从下向上挥拍挑直线球。

练习步骤

①供球者位于选手击球位置的正前方，向选手跨一步就能正手击球的位置用手抛出羽毛球。

②选手在中心位置的前面做准备，球被抛出后，向落球位置迈出右脚。

③正手网前挑直线球。

教练笔记 如果选手正手挑直线球出界，原因很可能是脚尖没有朝向落球点。复习一下脚尖接球（第29页）的练习吧。

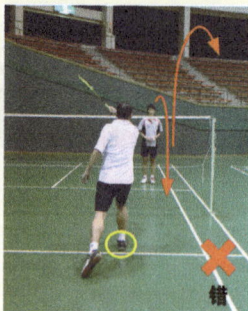

脚尖没有朝向球下落的位置，而是朝向球网，这是错误的。这种姿势没有办法从下向上挥拍，只能是横着挥。

练习 045 反手挑球的基本练习

等级 ★★

⏱ 时间　约10分钟

✋ 次数　10次×5组

目标 练习反手网前挑直线球的准确动作，注意球拍的握法。

基本技术

杀球

高远球·吊球

网前球

接发球

平抽球

发球

单打的战术训练

双打的战术训练

多球训练

体能训练

■ 供球者向网前抛出球。

■ 选手的脚尖要朝向落球点。

■ 击球时注意反手握拍方法，挑直线球。

练习步骤

① 供球者位于选手击球位置的正前方，向选手跨一步就能反手击球的位置用手抛出羽毛球。

② 选手在中心位置的前面做准备，球被抛出后，向落球位置迈出右脚。

③ 反手网前挑直线球。

教练笔记 如果觉得自己不擅长反手，那么到后面的平抽球和接发球时就会变得回避打反手球。最好多花些时间练习，直到能打好反手球为止。

动作要领 及建议

打反手挑球时，向落球地点迈脚比打正手时更容易。因此，在这里握拍的方式比脚尖的朝向更重要。注意反手握拍时，一定要竖起拇指。

基本技术

杀球

高远球·吊球

网前球

接发球

平抽球

发球

单打的战术训练

双打的战术训练

多球训练

体能训练

挑球

练习 046

挑球的两侧交替练习

等级 ★ ★

⏱ 时间　约10分钟

✋ 次数　10次×5组

目标 ▷ 注意打正手挑球和反手挑球出脚方式的同时，培养全身协调用力的感觉。

■ 因为是正反手交替进行，所以要注意握拍方式的转换。

■ 脚尖要朝向球的方向。

■ 左右两侧均挑直线球。

练习步骤

①供球者位于球场中央，交替向正反手网前抛出羽毛球。

②选手在中心位置前做准备，正手挑网前球。

③击球后回到初始位置，进行反手挑球的练习。

教练笔记 加入两侧移动后，很容易击球时只是挥拍而已，尤其是小学生。供球者可以降低给球的速度，让选手练习向来球方向跨步。

👉 **动作要领及建议**

面对小学生和初学者，也可以同时教向前移动的脚下步法。假设刚打完扣杀球，让选手从后场（放球筒的地方）开始移动到网前，打一次正手挑球或者反手挑球，然后换下一位选手。

基本技术

杀球

高远球·吊球

网前球

接发球

平抽球

发球

单打的战术训练

双打的战术训练

多球训练

体能训练

挑球

练习
047

可多人同时进行的
先杀球再挑球的练习

时间　约15分钟

次数　10次

目标

人多时也可以高效率地开展训练。
身体向左右两侧移动的状态下，也能压向前场挑球。

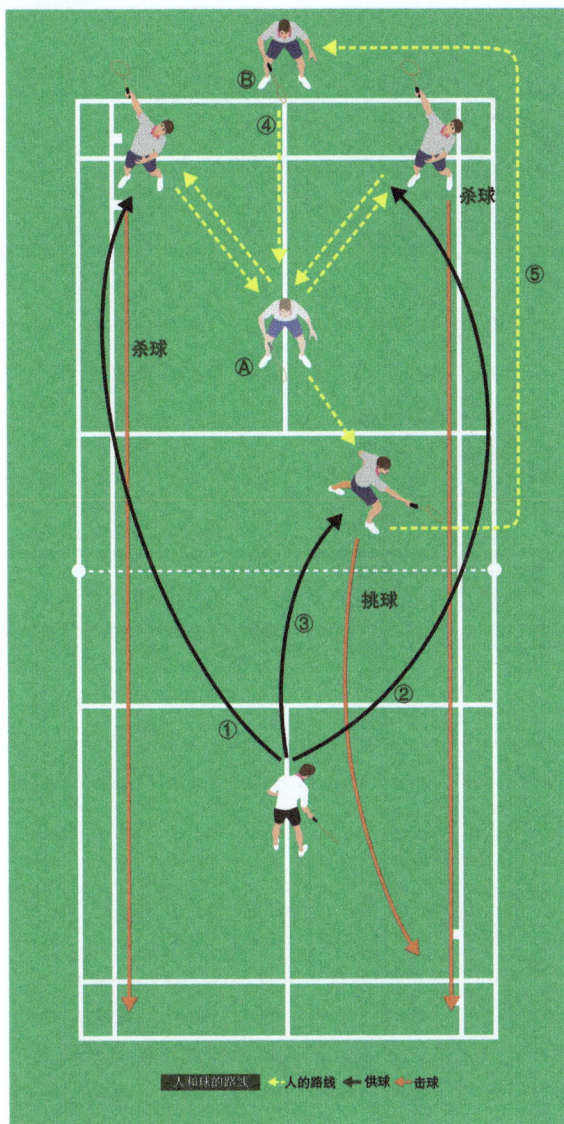

杀球

杀球

挑球

人和球的路线　人的路线　供球　击球

正手杀球、头顶球时，一定要换
重心脚，为下一次接球做好准备。

练习步骤

①供球者位于球场中央，向正手后场
发出高球。A从中心位置开始移动后
杀球。

②A回到中心位置后，供球者向反手后
场发出高球。A杀头顶球。

③A回到中心位置后，供球者向反手网
前发球。A反手挑球。

④A完成反手挑球前，B移动至中心位
置做准备。

⑤打完反手挑球的选手，从场外绕回
至起点，等候下一次击球。

一位选手打反手挑球时，下一位选手
做准备。

教练
笔记

其他训练也是如此，
第一个球和最后一
个球向相反方向打
时，更便于下一位选手做准备。
人多的球队如果能采取这样的训
练方式，那么全体队员就都能高
效地开展训练了。

基本技术

杀球

高远球·吊球

网前球

接发球

平抽球

发球

单打的战术训练

双打的战术训练

多球训练

体能训练

挑球

练习 048

快速启动 挑网前球

时间　约10分钟

次数　10次×5组

目标 培养面对来球快速做出反应的能力，以正确的动作完成网前挑直线球。

供球者向左右两侧网前任意发球。

练习步骤

①在中心位置的前方放置羽毛球筒，选手在球筒后做准备。

②供球者向网前任意发球，选手向来球方向移动。

③网前挑直线球后，回到起始位置。

选手面对来球迅速做出反应，向前跨步。

教练笔记 起始位置设在球筒后方，这样一来动作幅度就会变大，更接近实战。挑球线路不直的选手，多是由于脚尖没有对准来球方向，建议复习"脚尖接羽毛球"（第29页）的内容。

网前挑直线球。

动作要领及建议 因为是对方出球后才开始移动，所以一旦反应慢了就会导致压腕，球就会走斜线。注意要动作迅速、步法移动到位，然后挑直线。

练习 049 挑对角线球

时间 约10分钟

次数 10次×5组

目标 挑对角线球时最重要的是步法移动。
注意不要压腕。

对方出球后再开始步法移动。

练习步骤

①供球者向正手前场抛出羽毛球。
②选手从中心位置开始移动,挑对角线球。
③供球者向正手前场和反手前场交替发球。

步法移动到位后瞄准另一侧后场边线,挑对角线球。

教练笔记 本项训练需要在掌握了挑直线球的正确打法后进行。尤其是初学者和小学生,如果没有掌握步法移动的话,很容易养成压腕打斜线的习惯,这样可能会影响今后技术水平的提升。

反手挑对角线时,步法移动到位也十分重要。

动作要领 及建议 选手挑对角线球时,如果球速快且高度低,那多是由于步法移动不到位,击球时压腕造成的。注意首先要确保脚尖对准来球方向,步法移动到位后再大力击球。

基本技术

杀球

高远球·吊球

网前球

接发球

平抽球

发球

单打的战术训练

双打的战术训练

多球训练

体能训练

基本技术

杀球

高远球·吊球

网前球

接发球

平抽球

发球

单打的战术训练

双打的战术训练

多球训练

体能训练

挑球

练习 050 正手杀球的移动步法 →正手挑球

⏱ 时间　10~15分钟

✋ 次数　8~10次×3~5组

目标　培养击球后返回中心位置的意识。
练习正手挑直线球。

从中心位置移动到正手后场，做杀球的挥拍动作。

挥拍的同时换重心脚，返回中心位置。

挑直线球。

练习步骤

①选手从中心位置向正手后场移动，做杀球的挥拍动作。返回中心位置。

②供球者在选手回到中心位置后，向正手前场抛出羽毛球。

③选手正手网前挑直线球。

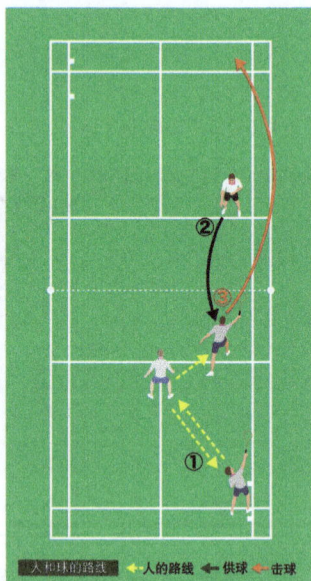

入球的路线　人的路线　供球　击球

教练笔记　做完杀球的挥拍动作后返回中心位置是本项训练的关键所在。不能从正手后场向正手前场直线移动。此外，可以加入挑对角线球的练习，但是首先必须确保可以很好地完成挑直线球。

等级 ★★★

练习 051 头顶杀球的移动步法 → 反手挑球

🕐 时间　10~15分钟

📋 次数　8~10次×3~5组

目标 培养击球后返回中心位置的意识。
练习反手挑直线球。

▮ 从中心位置向反手后场移动，在反手后场挥空拍。

▮ 注意换重心脚，返回中心位置。

▮ 注意反手握拍方法，挑直线球。

练习步骤

①选手从中心位置向反手后场移动，做杀球的挥拍动作。返回中心位置。

②供球者在选手回到中心位置后，向反手前场抛球。

③选手反手网前挑直线球。

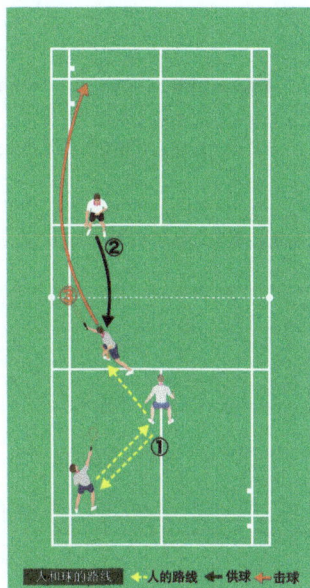

人和球的路线　←人的路线 ←供球 ←击球

教练笔记 和练习050一样，返回中心位置这一点非常关键。注意不能从反手后场直线移动至反手前场。另外，初学者还必须注意正反手握拍的转换。

基本技术

杀球

高远球·吊球

网前球

接发球

平抽球

发球

单打的战术训练

双打的战术训练

多球训练

体能训练

基本技术

杀球

高远球·吊球

网前球

接发球

平抽球

发球

单打的战术训练

双打的战术训练

多球训练

体能训练

挑球

练习 052 正手杀球 →正手挑球

⏱ 时间　10~15分钟

✋ 次数　8~10次×3~5组

目标　练习比赛时正手前后场的步法移动。虽然供球者是前后场交替给球，但是要想象成是在对攻，培养眼睛盯着球的同时移动脚步找球的感觉。

练习步骤

①供球者位于球场中央，向正手后场发球。

②选手从中心位置向正手后场移动，正手杀直线球。

③选手返回中心位置后，供球者向正手网前发球。

④选手向正手前场移动，正手挑直线球。

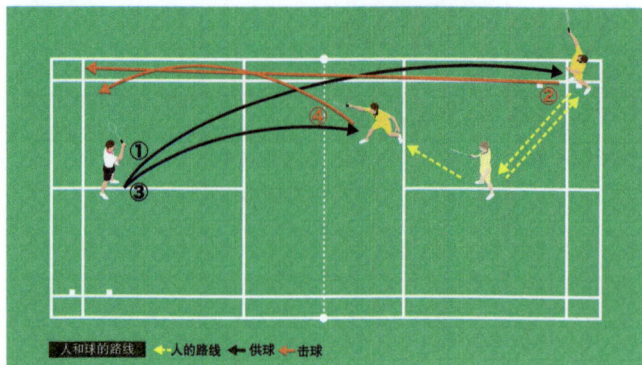

人和球的路线　人的路线　供球　击球

杀球要大力杀直线。
想象成是在对攻，眼睛盯着供球者发出的球的同时移动脚步。

教练笔记　小学生选手如果能打好正手杀直线球，那么回对角线球的情况是不多见的。

挑球

练习 053 头顶杀球 →反手挑球

⏱ 时间　10~15分钟

✋ 次数　8~10次×3~5组

目标　练习比赛时反手前后场的步法移动。虽然供球者是前后场交替给球，但是要想象成是在对攻，培养眼睛盯着球的同时移动脚步找球的感觉。

练习步骤

①供球者位于球场中央，向反手后场发球。

②选手从中心位置向反手后场移动，反手头顶杀直线。

③选手返回中心位置后，供球者向反手网前发球。

④选手向反手前场移动，反手挑直线球。

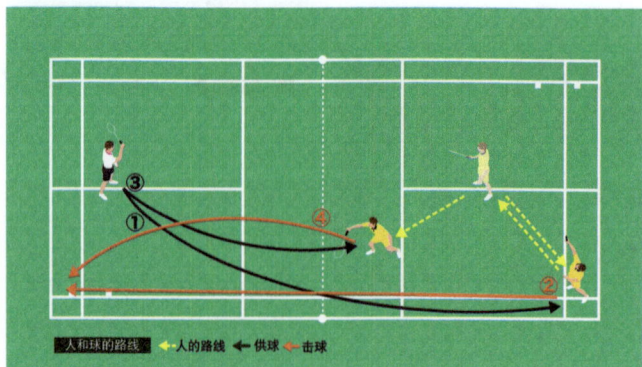

人和球的路线　人的路线　供球　击球

杀球后一定要返回中心位置。
想象成是在比赛，眼睛盯着供球者发出的球的同时移动脚步。

教练笔记　如果选手杀球后，供球者立即发出球的话，容易造成选手不返回中心位置，而是直线移动到前场。

基本技术

杀球

高远球·吊球

网前球

接发球

平抽球

发球

单打的战术训练

双打的战术训练

多球训练

体能训练

挑球

练习 054 向球场四角移动的步法练习

时间 10～15分钟

次数 8～10次×3～5组

目标 练习向球场四角移动的步法。
培养每次准确击球后，都为下一次接球做准备的意识。

练习步骤

①供球者分别站在正手网前（A）、反手网前（B），供球者A向网前抛出羽毛球。

②选手从中心位置向正手前场移动，挑直线球后返回中心位置。

③选手向反手后场移动，做杀头顶球的动作，然后返回中心位置。

④供球者B向反手前场抛出羽毛球。

⑤选手反手挑直线球后，返回中心位置。

⑥选手向正手后场移动，做杀球的动作。

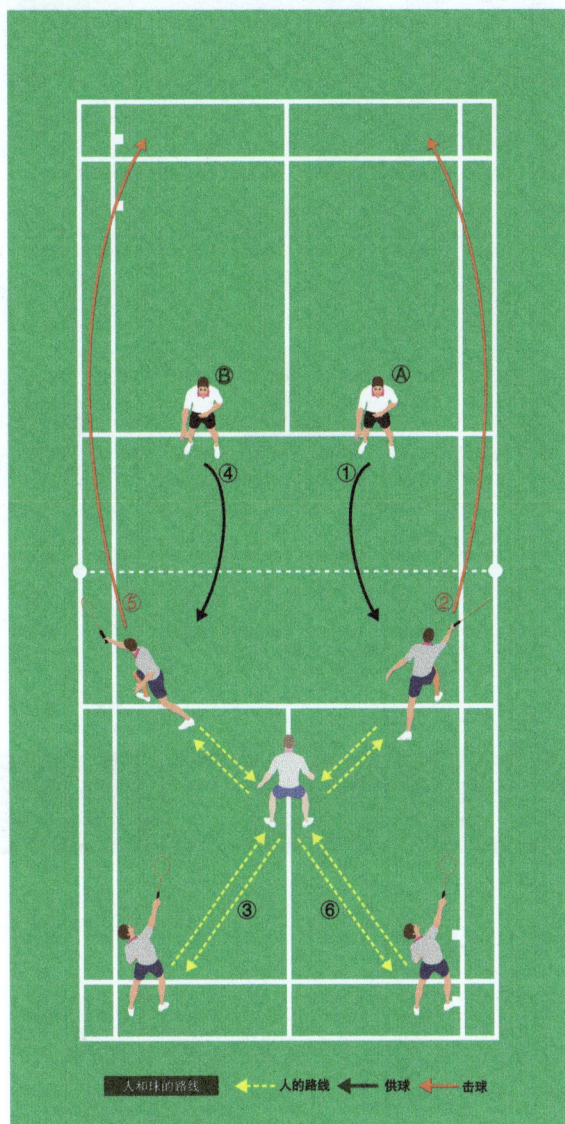

人和球的路线　←--- 人的路线　←— 供球　←— 击球

教练笔记 向球场四角移动时，如果步法移动不到位，很容易造成压腕。因此，首先应该练习向四角移动的步法。此外，还有一点非常重要的是，供球者发球时要配合选手的移动速度。

正手挑球后，移动至反手后场杀球。
反手挑球后，移动至正手后场杀球。

网前球的技术解说

技术解说 放网前球

动作要领 1 和挑球一样，向来球方向跨步

动作要领 2 抬起球拍，朝向身体正前方

动作要领 3 球拍高度大约与球网上方白色布条的高度一致

技术解说 经常保持同一姿势击球是根本

放网前球时，无论在哪个位置打，姿势都是一样的。也就是说，脚要朝向来球方向，球拍要向身体的正前方抬起。然后，抬起高度与球网上方的白色布条一致。这才是正确的击球姿势。来球路线有变化时，调整跨步方向，进而改变身体朝向就可以了。如果只是手腕或者球拍朝向来球方向击球，就很容易造成失误。开始的时候应该反复练习，以形成固定的动作。

基本技术

杀球

高远球·吊球

网前球

接发球

平抽球

发球

单打的战术训练

双打的战术训练

多球训练

体能训练

注意这里！

**球拍远离身体
向正前方击球**

| 动作要领 4 | 不是敲，而是用球拍向上托的感觉 | 动作要领 5 | 不要用手腕控制球拍上下移动 | 动作要领 6 | 调整姿势，为接下一个球做准备 |

在出脚方向的正前方击球

　　左图是脚尖对准来球方向，向身体的正前方抬起球拍击球。右图是脚尖没有朝向来球方向，而球拍在身体的右侧。另外，手腕没有伸直使得击球点过低。这样一来，球往高走就变成对方的机会球了。

正确

错误

基本技术

杀球

高远球·吊球

网前球

接发球

平抽球

发球

单打的战术训练

双打的战术训练

多球训练

体能训练

放网前球

练习 055 正手放网前球的基本练习

时间 约10分钟

次数 8~10次×5组

目标 注意跨步方向和击球点高度。
掌握正手放网前球的准确动作。

供球者向网前抛出羽毛球。

选手向前跨步，脚尖对准落球点。

羽毛球贴网而过最为理想。

练习步骤

①供球者位于选手击球位置的正前方，向网前抛出羽毛球。

②选手在中心位置的前方做准备。

③向落球方向跨步，正手放网前球。

教练笔记 放网前球的触球点高于球网上方的白色布条，不是敲，而是用球拍向上托，将球打到对方场内。如果用手腕控制球拍击球，想要击球过网时，球就会往高走，变成对方的机会球了。

动作要领及建议

在身体正前方持拍做准备。无论球从哪个方向过来，准备动作都不变。面对不同方向过来的球，应该通过向来球方向跨步来改变身体方向击球，而不是靠转动手腕击球。

放网前球

练习
056

反手放网前球的基本练习

等级 ★ ★

时间　约10分钟

次数　8～10次×5组

目标　注意跨步方向和击球点高度。
掌握反手放网前球的准确动作。

供球者向网前抛出羽毛球。

选手向前跨步，脚尖对准落球点。

使球直线过网。

练习步骤

①供球者位于选手击球位置的正前方，向网前抛出羽毛球。

②选手在中心位置的前方做准备。

③向落球方向跨步，反手放网前球。

教练笔记　和挑球一样，放网前球时，反手比正手更容易做到脚尖对准落球位置。但是，伸臂过于靠前的话，不容易掌握好平衡，因此注意要采用正确的姿势击球。

动作要领及建议

反手放网前球比正手击球时要略低。击球前最好左脚后蹬来提高击球高度。

基本技术

杀球

高远球·吊球

网前球

接发球

平抽球

发球

单打的战术训练

双打的战术训练

多球训练

体能训练

087

基本技术

杀球

高远球·吊球

网前球

接发球

平抽球

发球

单打的战术训练

双打的战术训练

多球训练

体能训练

放网前球

等级 ★★

练习 057

两侧交替放网前球

时间	约10分钟
次数	8~10次×5组

目标 培养向左右两侧跨步放网前球的感觉。

■ 供球者向正手方向抛出羽毛球。

用羽毛球筒做标记

■ 选手向来球方向跨步，在较高位置处击球。

■ 从球筒后面绕到反手前场放网前球。

练习步骤

①供球者位于前发球线中央，交替向左右两侧网前抛出羽毛球。

②选手在中心位置的前面放一个羽毛球筒，然后在球筒后做准备。左右两侧交替放网前球。

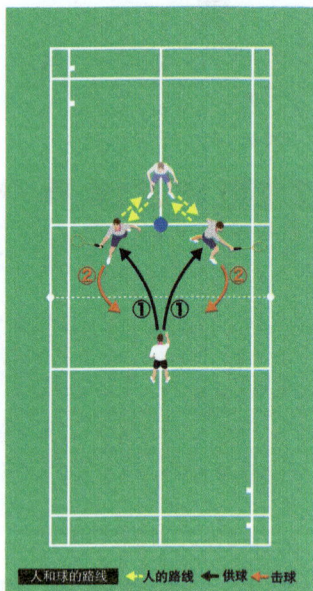

人和球的路线 ← 人的路线 ← 供球 ← 击球

教练笔记 每次击球后都从球筒后面绕到另一侧的话，对于养成击球后回到中心位置的习惯非常有效。对于中高级别水平的选手和高中生训练时，供球者可以通过从上向下抛球加快球速，或者抛球位置更靠近球网等方式加大训练难度。

练习 058 正手杀球的移动步法→正手放网前球

⏱ 时间　约15分钟

🔁 次数　6 ~ 10次 × 3组

目标 培养从后场移动至前场放网前球的感觉。身体要保持平衡。

■ 正手后场杀球的步法移动。

■ 判断球的高度和距离后，向落球点移动。

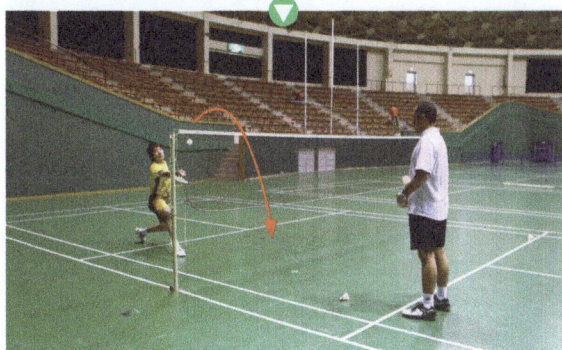

■ 正手放网前球。

练习步骤

①选手从中心位置向正手后场移动，做杀球的动作。返回中心位置。

②选手回到中心位置后，供球者向正手前场抛出羽毛球。

③选手正手放网前球。

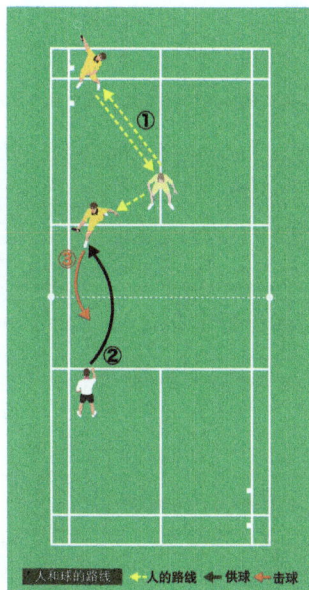

人和球的路线 ← 人的路线 ← 供球 → 击球

教练笔记 这项练习即使没有人供球也可以做。根据选手的水平，可以选择从上向下抛球来提高球的速度和高度。此外，还可以进行反方向练习，即反手头顶杀球后，反手放网前球。

基本技术

杀球

高远球·吊球

网前球

接发球

平抽球

发球

单打的战术训练

双打的战术训练

多球训练

体能训练

089

基本技术

杀球

高远球·吊球

网前球

接发球

平抽球

发球

单打的战术训练

双打的战术训练

多球训练

体能训练

放网前球

练习 059

正手高远球 → 正手放网前球

时间　约15分钟

次数　6~10次×3~5组

目标　打高远球后对方的回球多为吊球等，假设对方回球至网前时的接球训练。

在正手后场打高远球后，回到中心位置。

从中心位置开始步法移动。

正手放网前球。

练习步骤

①供球者向正手后场击出高球。

②选手从中心位置向正手后场移动，高远球打直线。返回中心位置。

③供球者向正手前场击球。

④选手向正手前场移动，放网前球。

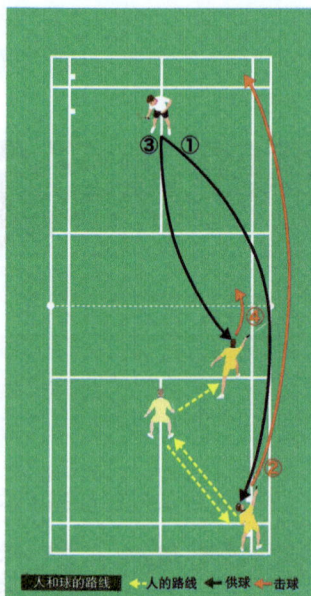

太和球的路线　人的路线　供球　击球

教练笔记　训练内容也可以逐步调整为正手杀球加反手放网前球，或者头顶杀球加正手放网前球的组合。

基本技术

杀球

高远球·吊球

网前球

接发球

平抽球

发球

单打的战术训练

双打的战术训练

多球训练

体能训练

放网前球

等级 ★★★

练习 060
吊球＋放网前球
交替触端线

时间 5~8分钟

次数 —

目标 ▶ 利用半场，1对1练习吊球的正确打法以及挑高球的打法。
练习在移动中完成正手放网前球。

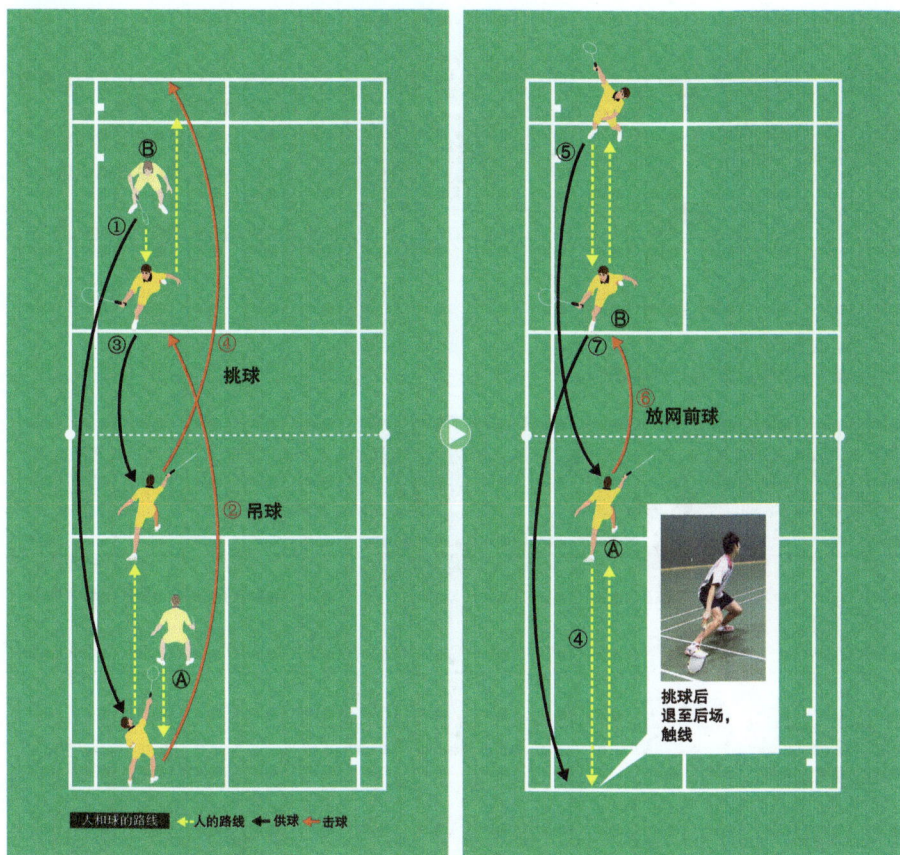

挑球

②吊球

挑球后
退至后场，
触线

人和球的路线 ← 人的路线 ← 供球 ← 击球

放网前球

■ A打好吊球和挑高球很关键。

■ 挑球后用球拍触端线。

练习步骤

①B击出高球。

②A打吊球。

③B回球时放网前球。

④A挑球后退至后场，用球拍触端线。

⑤B打吊球回A的挑球。

⑥A放网前球回B的吊球。

⑦B挑球回A的网前球后，用球拍触端线。

⑧回到①，A打吊球回球。

教练笔记 ▶ 小学生或者初学者进行本项训练时，要求触端线则训练难度过大，因此，可以减轻负担，调整为触双打后发球线。

基本技术

杀球

高远球·吊球

网前球

接发球

平抽球

发球

单打的战术训练

双打的战术训练

多球训练

体能训练

放网前球

练习 061 搓球

目标 ▶ 网前技术中的高难动作，搓球技术的练习。

供球者低手位抛出羽毛球，球速要慢。

尽量在高点击球。

正手是用球拍向右搓击羽毛球，反手是向左。

练习步骤

①供球者在选手击球位置的正前方，向正手网前抛出羽毛球。

②选手从中心位置向来球方向移动。

③击球瞬间迅速用球拍切削羽毛球，搓网前球。

④用相同的方式练习反手搓球。

教练笔记　推球是网前技术中的高难技术。本书前文介绍的常规网前球打法掌握了之后，再进行本项练习为好。

🖐 动作要领及建议

搓击的动作幅度越小，效果越好。如果动作幅度过大，球就会往高走，变成对方的机会球了，因此，必须多加注意。

练习 062

根据情况选择挑球或放网前球

时间　10～15分钟

次数　30～50次×3组

目标　掌握如何判断该放网前球还是挑球。
球的位置高则放网前球，球的位置低则选择挑球，
对于击球时机和击球位置要做到心中有数。

■ 供球者向网前以不同角度抛出羽毛球。

■ 根据身体和步法移动情况，选择挑球或者放网前球。

■ 供球者在合适的时机抛出羽毛球。

■ 不仅限于打直线球，能打斜线球的时候就打斜线球。

练习步骤

①供球者位于选手挑球或放网前球的位置的正前方，以不同角度抛出羽毛球。

②选手在对方出球后开始移动。

③根据击球的位置，选择挑球或放网前球。

教练笔记　供球者也可以在选手返回中心位置的过程中抛出羽毛球。总之，最好多位选手创造在不同时机击球的机会。

基本技术

杀球

高远球·吊球

网前球

接发球

平抽球

发球

单打的战术训练

双打的战术训练

多球训练

体能训练

基本技术

杀球

高远球·吊球

网前球

接发球

平抽球

发球

单打的战术训练

双打的战术训练

多球训练

体能训练

技术解说 推球

注意这里！
向网前移动时，要保持球拍上举的姿势

注意这里！
击球瞬间蹬地起跳，提高击球点

动作要领 1 球拍向上方举起，向网前移动

动作要领 2 和挑球一样，向来球方向跨步

动作要领 3 击球时轻轻蹬地起跳，出拍迎球

技术解说 蹬地起跳以提高球拍高度（击球点）尤为重要

即便是想推球，只要球拍不是高于球网，球就有下网的可能。因此，要保持球拍举起的状态快速上网，击球前轻轻蹬地起跳，以提高球拍的高度。同时，如果能在高点击球，击球瞬间还可以转换为放网前小球或者挑球的打法，选择就更多了。有鉴于此，推球在击球之前的准备动作就变得尤为重要了。

基本技术

杀球

高远球·吊球

网前球

接发球

平抽球

发球

单打的战术训练

双打的战术训练

多球训练

体能训练

动作要领 4	只靠手腕力量击球的感觉	动作要领 5	击球后落地时，身体不要过度前倾	动作要领 6	快速调整姿势，为接下一个球做准备

举起球拍再上网

　　如果是右图中的姿势，即便是移动到了网前，也是蹬地起跳后再向上举拍，推球时姿势根本做不到位。应该像左图中那样，决定要推球时就向上方举起球拍后上网。

正确　　　　　错误

基本技术

杀球

高远球·吊球

网前球

接发球

平抽球

发球

单打的战术训练

双打的战术训练

多球训练

体能训练

推球

练习 063

正手推球

| 等级 | ★ ★ ★ |

🕐 时间　约10分钟

次数　10~15次×3~5组

目标 掌握正手推球的正确击球姿势和脚下步法。

供球者向正手前场抛出高球。

选手后脚蹬地起跳以提高击球点。

正手推直线球。

练习步骤

①供球者位于前发球线中央，抛出羽毛球。

②选手在中心位置的前方做准备。

③向落球点移动，正手推球。

教练笔记 和挑球、放网前球一样，正手推球时要注意脚的朝向。要向来球方向跨步，脚尖对准羽毛球，这对于减少失误非常关键。

动作要领及建议

推球时，后脚必须蹬地起跳，保证球拍高过球网。如果不起跳就直接推球，会大大增加球不过网的概率。

练习
064

反手推球

目标 掌握反手推球的正确击球姿势和脚下步法。

向供球者抛出的羽毛球的方向跨步。

选手后脚蹬地起跳以提高击球点。

反手推球比正手推球更强调手腕的爆发力。

练习步骤

①供球者位于前发球线中央，抛出羽毛球。
②选手在中心位置的前方做准备。
③向落球点移动，反手推球。

教练笔记 关于练习063、练习064中的训练内容，因为尚处于击球技术的学习阶段，所以不需要选手根据来球做出判断，供球者最好能配合选手来发球。

动作要领及建议

反手推球和挑球、放网前球一样，脚下动作（脚尖朝向）比正手打法更自然。因此，比起脚下步法，需要多注意的是手法技术。

基本技术

杀球

高远球·吊球

网前球

接发球

平抽球

发球

单打的战术训练

双打的战术训练

多球训练

体能训练

基本技术

杀球

高远球·吊球

网前球

接发球

平抽球

发球

单打的战术训练

双打的战术训练

多球训练

体能训练

推球

练习 065 推球的两侧交替练习

时间　约10分钟

次数　10～20次×3～5组

目标 在双打比赛中，对方接推球时多回球至网前，培养在这种情况下再次用推球回球的感觉。

向来球方向跨步击球。

击球后迅速返回起始位置。

另一侧网前反手推球。

练习步骤

①供球者位于前发球线中央，向左右两侧交替抛出羽毛球。

②选手在中心位置的前方做准备，两侧交替推球。

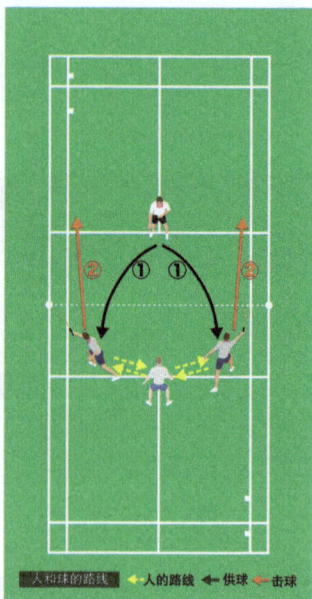

人和球的路线　◀━ 人的路线　◀━ 供球　━ 击球

教练笔记 这个练习看似简单，但说它是推球练习中最累人的一项也并不为过。正因如此，击球时要努力达到提高击球点等基本动作要求，姿势要做到位。

基本技术

杀球

高远球·吊球

网前球

接发球

平抽球

发球

单打的战术训练

双打的战术训练

多球训练

体能训练

推球

练习 066　先杀球 后推球

时间　约10分钟

次数　8～10次×3～5组

目标　假设在单打比赛中，对方接杀球后回了机会球，练习在这种情况下快速上网推球的打法。

供球者向正手后场击出高球，A右侧正手杀直线球。

练习步骤

①供球者向正手后场击出高球。

②A从中心位置向正手后场移动，杀直线球。返回中心位置。

③供球者向网前击出羽毛球。

④A向正手前场移动推球。

※B和A一样，左侧头顶杀球后再反手推球。

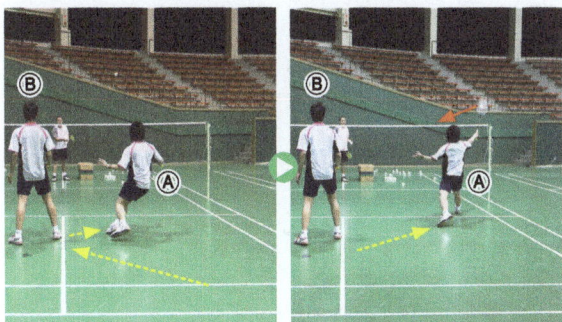

回到中心位置后向正手前场移动。　蹬地起跳以提高击球点后推球。

供球者向反手后场发出高球，B左侧头顶杀球。　返回中心位置，反手网前推球。

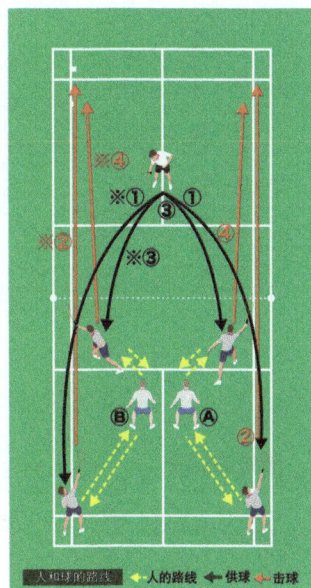

人和球的路线　　人的路线　　供球　　击球

教练笔记　上网时举起球拍，也是在给对方制造压力，这一点也十分关键。

基本技术

杀球

高远球·吊球

网前球

接发球

平抽球

发球

单打的战术训练

双打的战术训练

多球训练

体能训练

推球

练习 067 对方回对角线球时的应对

时间　约10分钟

次数　6~10次×3组

目标 假设杀直线球时对方回对角线球，掌握反手上网应对的技术。

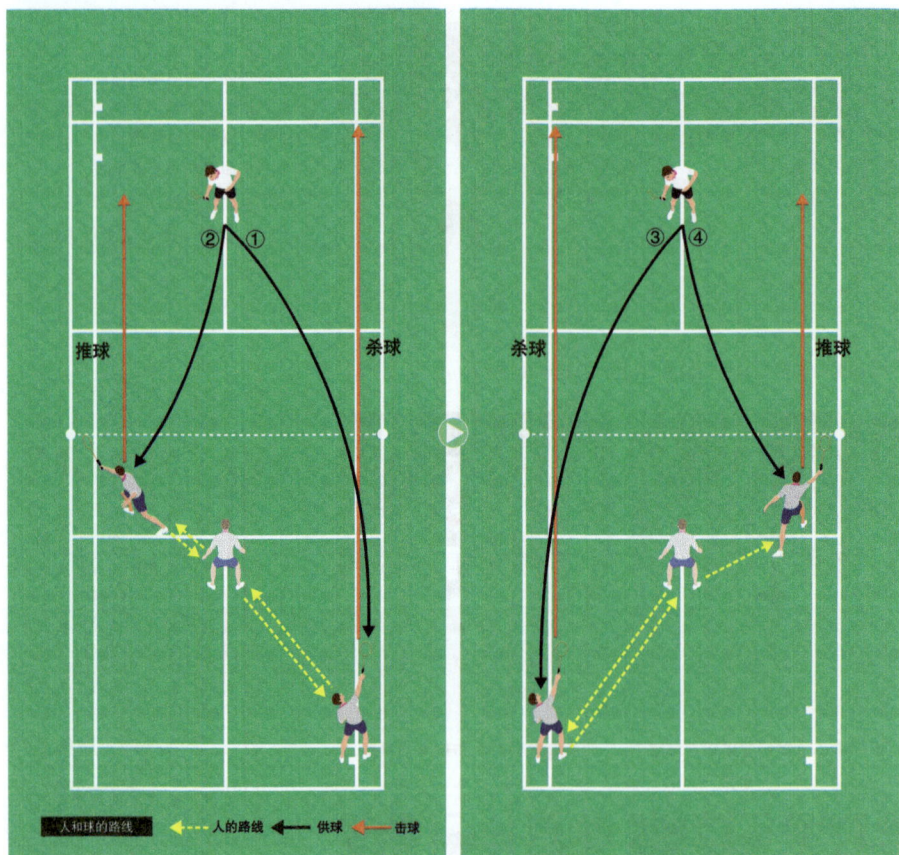

推球

杀球

杀球

推球

人和球的路线　　人的路线　　供球　　击球

斜线移动距离较长，供球者向后场击球时注意要给高球。

推球时要蹬地起跳以提高击球点。

练习步骤

①供球者位于球场中央，向正手后场击出羽毛球。选手从中心位置向正手后场移动，杀直线球。

②供球者向网前给出机会球，选手反手上网推直线。返回中心位置。

③供球者向反手后场击出羽毛球。选手头顶杀直线。

④供球者向正手前场击出羽毛球。选手正手推直线。

教练笔记 推球时，对球路的判断非常重要。如果认为来不及推球，可以转为放网前球。

练习 068

推击插在球网上的羽毛球

时间　约10分钟

次数　10～20次

目标 掌握杀球后上网推球的一连串脚下步法。

在球网上方放一个羽毛球。做杀球的击球动作，转移脚下重心。

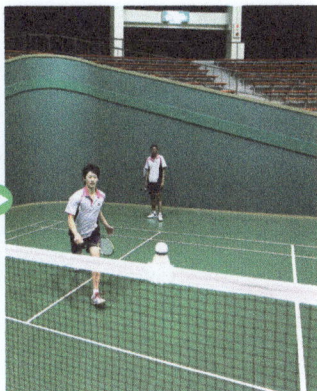

转移重心后，向网前移动。

练习步骤

①在反手一侧的网带处插入羽毛球。

②选手在正手后场做杀球的动作。

③向反手前场移动。

④推击插在网带上的羽毛球。

※用同样的方式练习从头顶杀球到网前正手推球的脚下步法。

击球前蹬地起跳以提高击球点。

推击插在球网上的羽毛球。

教练笔记

这是一项针对小学生和初学者的练习。因为是一人一球轮流进行，所以最多可以满足10个人同时进行训练。此外，只是将球插到网带上就可以，所以不会打球的家长也可以带着孩子一起训练。

动作要领及建议

这个练习是为了掌握从杀球到推球的脚下步法，因此推球时击球过网或者触网都没关系。但是有一点必须记住的是，要蹬地起跳后再击球。

▲ 推球时要蹬地起跳。

基本技术

杀球

高远球·吊球

网前球

接发球

平抽球

发球

单打的战术训练

双打的战术训练

多球训练

体能训练

基本技术

杀球

高远球·吊球

网前球

接发球

平抽球

发球

单打的战术训练

双打的战术训练

多球训练

体能训练

推球

练习 069

前场队员推球①

目标 双打比赛中,搭档进攻后前场队员接对方回球时,在难以直接推球得分的情况下,要做好多拍的准备。

供球者不断变换球路和球速击出羽毛球。

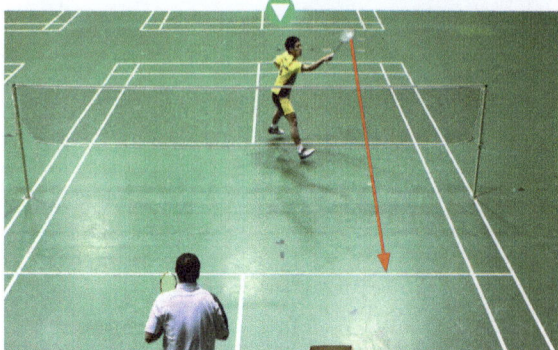

选手快速反应上网推球。

所有的球都不是得分球,视情况也可以选择推半场球。

练习步骤

①供球者位于球场中央,向网前任意(第19页)击出羽毛球。要不断变换球路和球速,避免形成固定的节奏。

②选手快速反应网前推球。

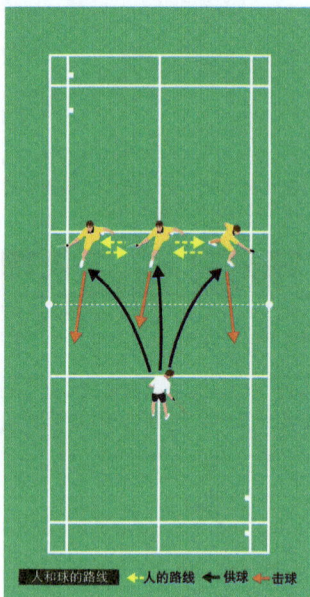

人和球的路线　人的路线　供球　击球

教练笔记 假设推球后对方还会回球过来,这时要迅速向上举起球拍,为下一次推球做准备。

基本技术

杀球

高远球·吊球

网前球

接发球

平抽球

发球

单打的战术训练

双打的战术训练

多球训练

体能训练

练习 070 前场队员推球②

等级 ★★★★

⏱ **时间** 约10分钟

次数 10次×5组

目标 假设对方接正手位短球时打斜线，练习这种情况下网前推球直接得分。

■ 把对方击来的正手前场球推击到对方网前。

■ 供球者向反手位发球。

■ 争取推对角线直接得分。

练习步骤

①供球者位于球场中央，向正手位发半场球（第19页）。选手回半场球推直线。

②供球者向反手位发球。选手反手推球。

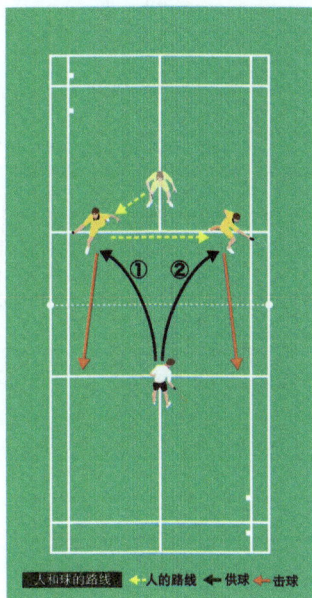

人和球的路线 ◀ 人的路线 ◀ 供球 ◀ 击球

教练笔记 把第1个球想象成是双打时的进攻配合，把对方击来的短球推对角线争取直接得分（如果对方回直线球且球速快，则交给后场队员去接）。

基本技术

杀球

高远球·吊球

网前球

接发球

平抽球

发球

单打的战术训练

双打的战术训练

多球训练

体能训练

推球

练习 071 前场队员推球③

时间　约10分钟

次数　7次×5组

目标

假设将球推击到对方场地后，接对方回球的实战训练。
通常对方回球的球速较快，因此不要硬攻，可以先放网前球，
然后下一次接球时直接推球得分。

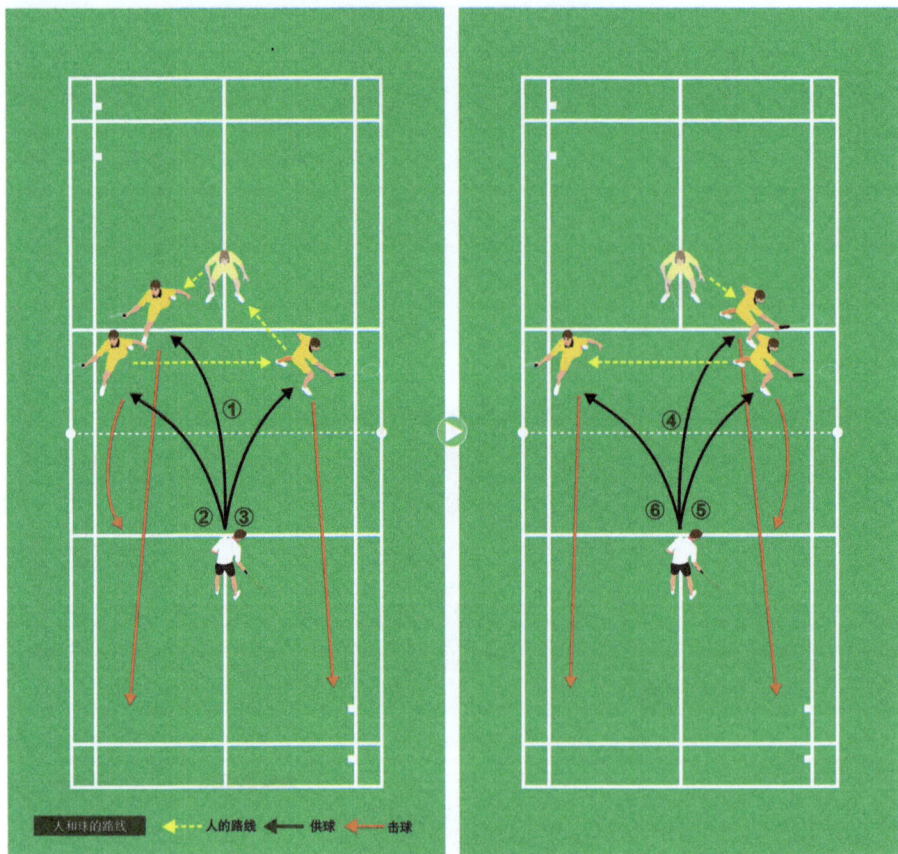

人和球的路线　●--▶ 人的路线　◀━ 供球　◀─ 击球

练习步骤

①供球者向正手位发半场球。选手从中心位置开始移动，正手推球。

②供球者向正手前场发球。选手正手放网前球。

③供球者向反手前场发球。选手向反手位移动，反手推球。

④选手回到中心位置后，供球者向反手位发半场球。选手反手推球。

⑤供球者向反手网前发球。选手反手放网前球。

⑥供球者向正手网前发球。选手向正手位移动，正手推球。

教练笔记

开始的时候可以3个球、3个球地练习，习惯了之后就要连续进行了（正手推球→正手放网前球→反手推球→反手放网前球→正手推球）。

推球

练习 072

前场队员推球④

时间 约10分钟
次数 10次 × 5组

目标 假设对方放网前球时用推球回球的练习。
第1个球和第3个球要瞄准底线两角。

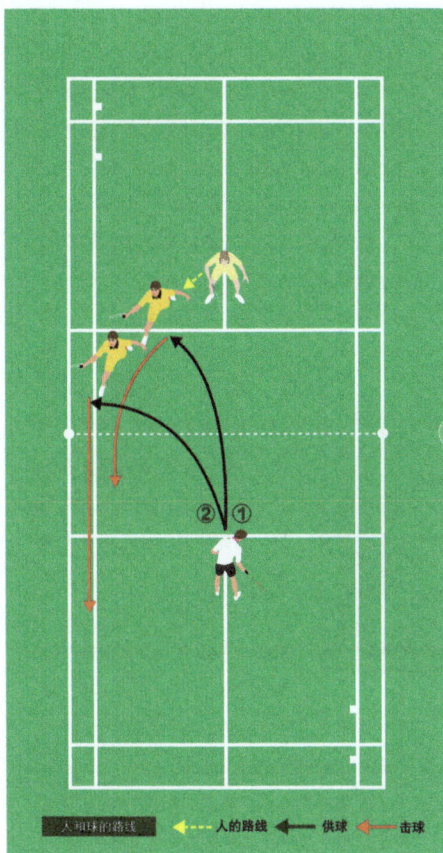

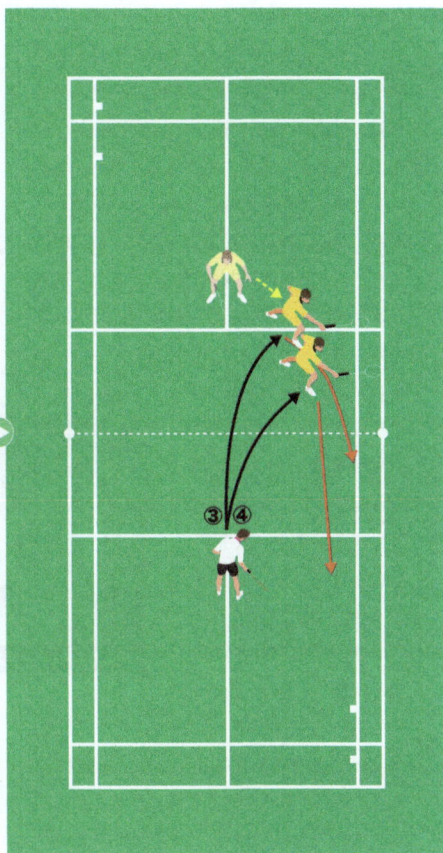

人和球的路线　⬅--- 人的路线　⬅ 供球　⬅ 击球

练习步骤

①供球者向正手位发半场球。选手从中心位置开始移动，正手放网前球。

②供球者向正手网前再次发球。选手正手推球。

③选手回到中心位置后，供球者向反手位发半场球。选手反手放网前球。

④供球者向反手网前再次发球。选手反手推球。

教练笔记 前场队员的推球练习是假设正在进行双打的练习。要牢记训练时出现的各种场上情况，要具备双打前场队员所需的网前左右移动的意识。

105

专栏②

教练是
距离选手最近的"助威团"

基本技术

杀球

高远球·吊球

网前球

接发球

平抽球

发球

单打的战术训练

双打的战术训练

多球训练

体能训练

我2009年退役后不久，便成了日本国家羽毛球队的主教练。在做选手的时候，我就接触过很多教练和领队，也从他们身上学习到了很多东西。然而，当自己真正成为一名教练的时候，才体会到教练难当。直到现在，同选手、同自己的较量都不曾中断过。自己做选手时，训练时想的是"自己要赢"。然而，现在必须思考的是如何通过训练"让选手赢"。要在把握每一位选手的特点和个性的基础上，精心指导、严格训练，在避免训练内容的单一化上下功夫。其实，怎样能成为一名合格的教练，我也尚在摸索中。我要努力和选手共同进步，逐步成长为一名优秀的主教练。

在现行的羽毛球规则下，技术暂停时领队或者教练是可以进行技术指导的，和以往比起来，这在很大程度上提高了教练的重要性。教练的一条战术建议甚至可以扭转整场比赛的局面，因此教练的兴致也更高了。但是，有多年经验积累的教练可以准确地提出建议，如果换作经验不够丰富的教练，很可能会犹豫不决，不知该给出怎样的建议为好。接下来，我想就如何观察比赛介绍一些我个人的看法。

比赛开始后，首先要看选手的精神状态。确认选手是有所顾虑，还是放开心态在打比赛。如果选手看上去十分紧张，那么在进行指导的时候，就要考虑针对选手的状态给出

一些意见或建议。还要看选手的脚下移动是否顺畅、击球路线是否准确等。如果跑位明显不如平时的训练，那么就有必要提醒选手注意脚下步法和启动。如果球的轨迹不走直线而是走斜线，那么就要指导选手打直线球。

如果感觉选手在比赛的前半段发挥不错，此时就要看对方选手的技术特点了。比如可以观察对手步法移动和击球路线的特点，接发球的能力和网前技术等。之后，再根据分数差以及场上情况对选手进行指导。

为了选手能够取得比赛的胜利，教练必须进行技术性指导，与此同时，也希望各位教练能够更加重视对场上选手的支持。比赛对选手而言是一个展现自我的舞台。为了选手能够以良好的状态完成比赛，教

帮助选手保持良好的心态也是教练的职责

练不妨把自己当成是距离选手最近的助威团团长，为选手顺利完成比赛保驾护航。

特别是在中学，有的指导老师没有羽毛球的实战经验。技术层面的指导就不用说了，"得了1分哦""再坚持一下"这种精神上的支持，也会对选手的发挥产生积极的影响。如果教练能够让选手感受到自己在同他们一起战斗，同时再循序渐进地对比赛中暴露的问题进行指导，不仅可以提升自己对比赛的洞察力，还能加深选手对自己的信赖。

第5章
接发球

破坏对方进攻的同时，
夺回主动权、诱导对方失误
也是非常重要的技术打法之一。
需要掌握正确的接发球技巧，
培养防守能力。

基本技术

杀球

高远球·吊球

网前球

接发球

平抽球

发球

单打的战术训练

双打的战术训练

多球训练

体能训练

接发球的技术解说

技术解说 正手接发球

注意这里！
拍面迎向球的运动轨迹

| 动作要领 1 | 准备接球时，两脚自然分开，与肩同宽 | 动作要领 2 | 膝盖微屈，重心在左脚拇指上。不要抬脚后跟 | 动作要领 3 | 向来球方向跨步 |

技术解说 不要用蛮力，要利用球的速度"借力打力"

接发球技术多在对方采取杀球等强攻的情况下回球时使用。因此，即便没有想要发力，球只要碰到球拍，就会弹过网到对方场地了。若用蛮力击球，反而会造成失误。接发球时首先应该屈膝以降低身体重心，调整好姿势，做好应对对方强攻的准备。然后再利用对方打过来的球的速度，调整拍面迎向球的轨迹，借力打力。

| 动作要领 4 | 在拍面与球网平行的位置击球 | 动作要领 5 | 不要用蛮力，要利用球的速度借力打力 | 动作要领 6 | 身体重心迅速跟进 |

正确的脚下步法

虽然根据场上的情况也有在身体侧面击球的时候，但是接发球的基本要求是在身体的正面击球。即便无法做到在身体的正面击球，像图中那样只是伸臂的打法也是错误的。在边线处击球时，要向边线移动，尽可能让击球点靠近身体的正前方。

错误

基本技术

杀球

高远球·吊球

网前球

接发球

平抽球

发球

单打的战术训练

双打的战术训练

多球训练

体能训练

接发球的技术解说

技术解说 **反手接发球**

注意这里！

准备接球时，屈膝降低身体重心

动作要领 1	准备接球时，两脚自然分开，与肩同宽
动作要领 2	膝盖微屈，降低身体重心
动作要领 3	向后撤拍，准备击球

技术解说 **打反手的判断标准是球到身体的距离是1个球拍的长度**

接发球时，必须根据来球的运动轨迹，瞬间判断是采用正手打法，还是反手打法。当然，惯用右手的话，通常接身体左侧的球用反手，接身体右侧的球用正手。但是近身球该用正手接还是反手接就很难判断了。于是，可以这样来判断。即便是打到右侧边线的球，如果和身体的距离不长于1个球拍就选择反手。对于小学生而言，胸前留出空间向后撤拍很难，因此，正手接发球也是可以的。

| 动作要领 4 | 在拍面与球网平行的位置击球 | 动作要领 5 | 单脚向后撤步的话，击球范围更大 | 动作要领 6 | 身体重心迅速跟进 |

膝盖不要伸直

　　如果像右图中那样，膝盖保持伸直的话，即便是能打身体正面的球，身体侧面的球也无法应对。为了身体正面的球和边线球都能应对，应该像左图中那样，准备击球时，膝盖弯曲，重心要稍向前移。

正确

错误

基本技术

杀球

高远球·吊球

网前球

接发球

平抽球

发球

单打的战术训练

双打的战术训练

多球训练

体能训练

基本技术

杀球

高远球·吊球

网前球

接发球

平抽球

发球

单打的战术训练

双打的战术训练

多球训练

体能训练

接发球

练习
073

正手接发球
打对方后场

时间　约10分钟

次数　10次×5组

目标 ▶ 培养正手接发球时利用膝盖的屈伸
力量挥拍打对方后场的感觉。

练习步骤

①供球者位于前发球线中央，
向选手正手能接到球的范
围内抛出羽毛球。

②选手在中心位置做准备，
利用膝盖的屈伸力量挥拍
打直线。

■ 正手接发供球者抛出的羽毛球。

教练
笔记　为了让选手
重点体会膝
盖的屈伸，
供球者要将球给到中心
位置的周围，让选手不
用移动就能接到球。

接发球

练习
074

反手接发球
打对方后场

时间　约10分钟

次数　10次×5组

目标 ▶ 培养反手接发球时利用膝盖的屈伸
力量挥拍打对方后场的感觉。

练习步骤

①供球者位于前发球线中央，
向选手反手能接到球的范
围内抛出羽毛球。

②选手在中心位置做准备，
利用膝盖的屈伸力量挥拍
打直线。

■ 反手大幅度挥拍接发供球者抛出的羽毛球。

教练
笔记　注意要大幅
度挥拍，尽
可能往远打。

如果一开始的时候挥拍
幅度小，到后来再想做
到大幅度挥拍就很难了。

练习 075 接发球的两侧交替练习

时间 约10分钟
次数 10次×5组

目标 培养选择正手接发球还是反手接发球的判断力，练习正手接发球和反手接发球的打法。

供球者配合选手的击球节奏发球。

先是正手位，利用膝盖的屈伸力量挥拍。

供球者也向反手位发球。

和正手位时一样，借助膝盖力量挥拍回球。

练习步骤

①供球者位于前发球线中央，向正手前场和反手前场交替发出羽毛球。

②选手在中心位置做准备，正反手交替接发球打直线球。

教练笔记 掌握了大幅度挥拍回球的感觉后，就可以向推球、平抽球等小幅度挥拍接发球的打法发展了。起初，最重要的还是掌握最基础的大幅度挥拍击球的打法。

113

基本技术

杀球

高远球·吊球

网前球

接发球

平抽球

发球

单打的战术训练

双打的战术训练

多球训练

体能训练

等级 ★★★

练习
076

接发杀球

时间 5~10分钟

次数 —

目标 杀球的接发球练习。
在大幅度挥拍过程中，找到适合自己的击球点。

■ B 向 A 的近身位置杀球。

■ 起初，A 接发球时要注意大幅度挥拍，允许有失误。

■ A 回球后 B 再杀回来。

练习步骤

①利用半场进行1对1练习。B站在后场，A回球后杀A的后场。

②A站在球场中央做准备，接B的杀球打直线球。

③重复①和②。

教练笔记 首要目的是接发球时能回球至后场。B可以适当降低扣球的速度，直到A选手习惯为止。另外，在发球时，也应注意正手球和反手球都要发。

动作要领及建议 首先，必须注意的是，要利用膝盖的屈伸力量大幅度挥拍击球。在大幅度挥拍的过程中，如果能够找到运用全身力量的击球点，那么以那个点为中心进行小幅度挥拍就不难了。同时，也就可以应对球速较快的杀球了。

基本技术

杀球

高远球·吊球

网前球

接发球

平抽球

发球

单打的战术训练

双打的战术训练

多球训练

体能训练

练习 077 接发球抢攻

目标 假设是双打比赛。掌握迫使对方给机会球，借机发起抢攻的打法。

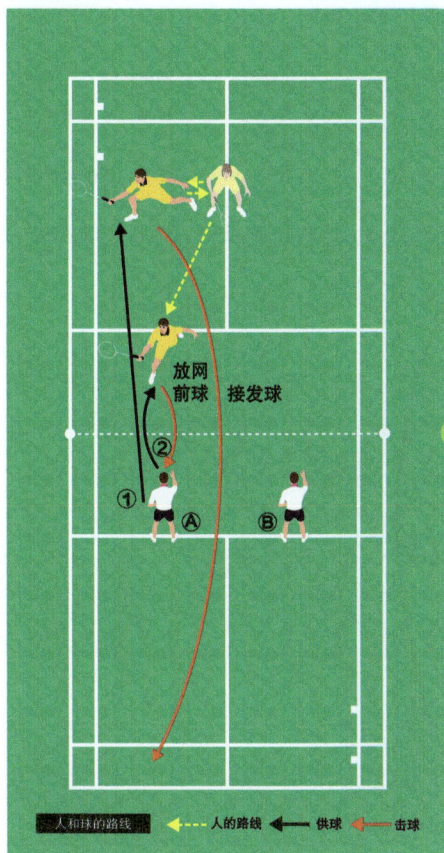

放网前球　接发球

①

②

Ⓐ　　Ⓑ

接发球　放网前球

※②

※①

Ⓐ　　Ⓑ

图例　┈人和球的路线　◀┄┄人的路线　◀━供球　◀┄┄击球

▌每次击球后要有返回中心位置的意识。

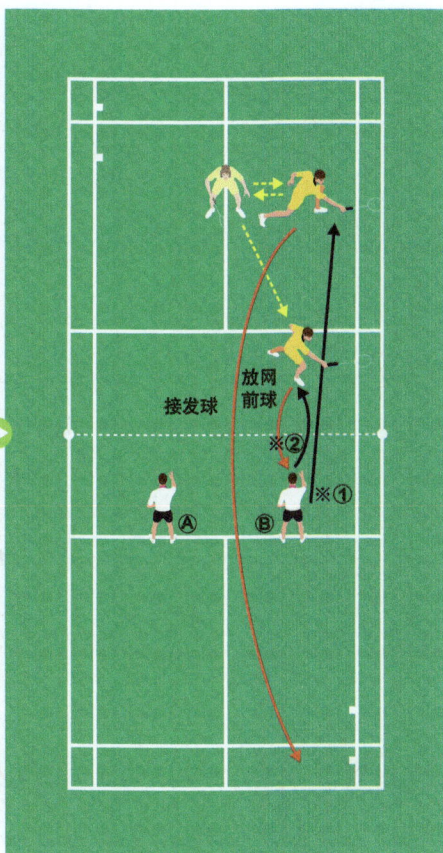

▌判断对方回球至网前的话就要快速上网。

练习步骤

①供球者A上手位抛出快球。选手正手接发球。

②选手回到中心位置后，供球者A下手位向网前抛出慢球。选手正手放网前球。

※接下来，供球者B向反手位抛出羽毛球，进行同样的训练。

教练笔记 假设接发球有效地阻止了对方的进攻，对方回球时不推球而是放网前小球，那么我们也要回网前小球，进而迫使对方给机会球。

基本技术

杀球

高远球·吊球

网前球

接发球

平抽球

发球

单打的战术训练

双打的战术训练

多球训练

体能训练

接发球

练习
078

正手接发球→头顶杀球

时间　约10分钟

次数　6~10次

目标　利用接发球破坏对方的强攻，
追使对方只能打高球，进而创造杀球进攻的机会。

练习步骤

①供球者A上手位抛出快球。

②选手从中心位置向正手边线移动，接发球。

③选手回到中心位置后，供球者B向反手后场抛出高球。

④选手向反手后场移动，杀直线球。

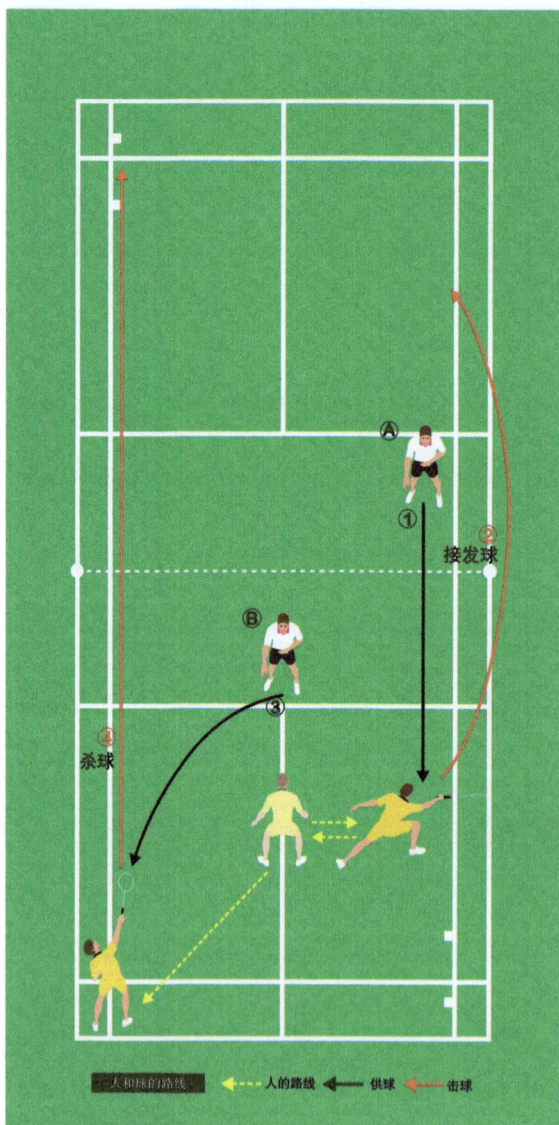

接发球

杀球

人和球的路线　◄---　人的路线　◄━━　供球　◄━━　击球

教练
笔记

供球者手抛高球难度是很大的。如果高球抛不好，那就说明挥拍也挥得不好。高球抛不好的选手需要再次练习投抛羽毛球（第28页）。

选手接发球和杀球都打直线球。
同时练习反手接发球→正手杀球。

基本技术

杀球

高远球·吊球

网前球

接发球

平抽球

发球

单打的战术训练

双打的战术训练

多球训练

体能训练

<练习>
079

接发吊球

等级 ★★★★

时间 5~10分钟

次数 —

目标 培养预先判断对方吊球的运动轨迹后接发球的感觉。

▌B 吊球后 A 要迅速做出反应。

练习步骤

①利用半场进行1对1练习。负责吊球的B位于后场,对方打过来的球用吊球回。

②负责接发球的A在中心位置做准备,接对方吊球时打直线。

▌A 预先判断吊球的运动轨迹后向落球点移动。

教练笔记 为了防止训练过于单调,B吊球时可以变换球的路线和速度。训练中的吊球不可能和比赛时遇到的完全一样,但是可以通过变换球路和球速使训练更接近实战。

▌A 每次接发球后都要返回中心位置。

动作要领 及建议

快速移动到落球点

根据吊球的种类,选择一步上网法、两步上网法或者三步上网法。和脚尖接羽毛球(第29页)以及挑球(第70页)一样,身体移动到位是非常重要的。

基本技术

杀球

高远球·吊球

网前球

接发球

平抽球

发球

单打的战术训练

双打的战术训练

多球训练

体能训练

接发球

练习 080

接发推球

等级 ★★★

时间 约10分钟

次数 10～20次

目标 提高接对方回球的准备意识，强化接发推球的基本打法。

接发推球的基本打法和平抽球（第132页）一样。

向来球方向跨出一步，在身体前方击球。

供球者要低头以防被球打到。

练习步骤

①供球者位于网前中央，向左右两侧交替抛出快球。

②选手在中心位置做准备，向球的方向跨出1步，接发推球。

教练笔记

比赛时，并不是将对方的推球接过去，这一回合就结束了。对方推球后，肯定会在网前做接球准备。因此要假设对方回快速球，注意要立即准备接对方的回球。

动作要领及建议

在身体侧面击球的话，力量就无法很好地传递到羽毛球上。准备的时候就要注意在身体的前方挥动球拍。

练习 081

推球和
接发推球

时间 5～10分钟

次数 —

目标 通过推球和接发推球的对打练习，培养实战的感觉。

（负责接发球）Ⓐ　　（负责推球）Ⓑ

■ B推球，A接发球。

Ⓐ　　Ⓑ

■ A根据情况选择正手或反手接发球。

Ⓐ　　Ⓑ

■ 如果不能形成对打，则放慢球速。

练习步骤

① 利用全场进行1对1练习。

② 双方均位于球场中央，以A接发球、B推球的方式进行对打。

教练笔记　虽然这是针对初学者的训练，练习时负责推球的B如果换成具备一定实力的选手，比双方都是初学者的训练效果更好。即便是技术水平高的选手，在指导别人的过程中也可能会发现自己存在的问题，这样更有利于双方的共同提高。

动作要领 及建议

如果对打时球速过快，即使身体没有移动到位便击球，对方也会将球回过来。所以最好将球速放慢至60%，击球时身体要动起来。

基本技术

杀球

高远球·吊球

网前球

接发球

平抽球

发球

单打的战术训练

双打的战术训练

多球训练

体能训练

基本技术

杀球

高远球·吊球

网前球

接发球

平抽球

发球

单打的战术训练

双打的战术训练

多球训练

体能训练

接发球

练习 082

任意接发杀球和吊球后杀球

等级 ★★★★

时间 约10分钟

次数 15~20次×5组

目标 破坏对方的强攻，对方打来高球时立即扣杀，夺回进攻的主动权。

供球者任意给出杀球或吊球，选手接发球。

供球者给球时要加以变化，比如连续强攻后，突然给吊球。

选手并不是机械地接球，而要当成是在比赛。

对方如果挑高球，则迅速扣杀。

练习步骤

①供球者位于球场中央，任意给出杀球或者吊球，随机挑高球。

②选手利用接发球破坏供球者的进攻，对方挑高球后马上扣杀。

教练笔记 如果没有供球者，或者供球者的给球技术不高的话，那么可以将供球位置稍向网前移，同时改成手抛羽毛球的形式。这时，也要按照训练步骤中介绍的方式练习，给球时杀球和吊球相结合。

练习 083

接发边线吊球
打对方网前

等级 ★★★★

时间 约10分钟

次数 16～20次×5组

目标 掌握接发吊球打对方网前的回球时机。

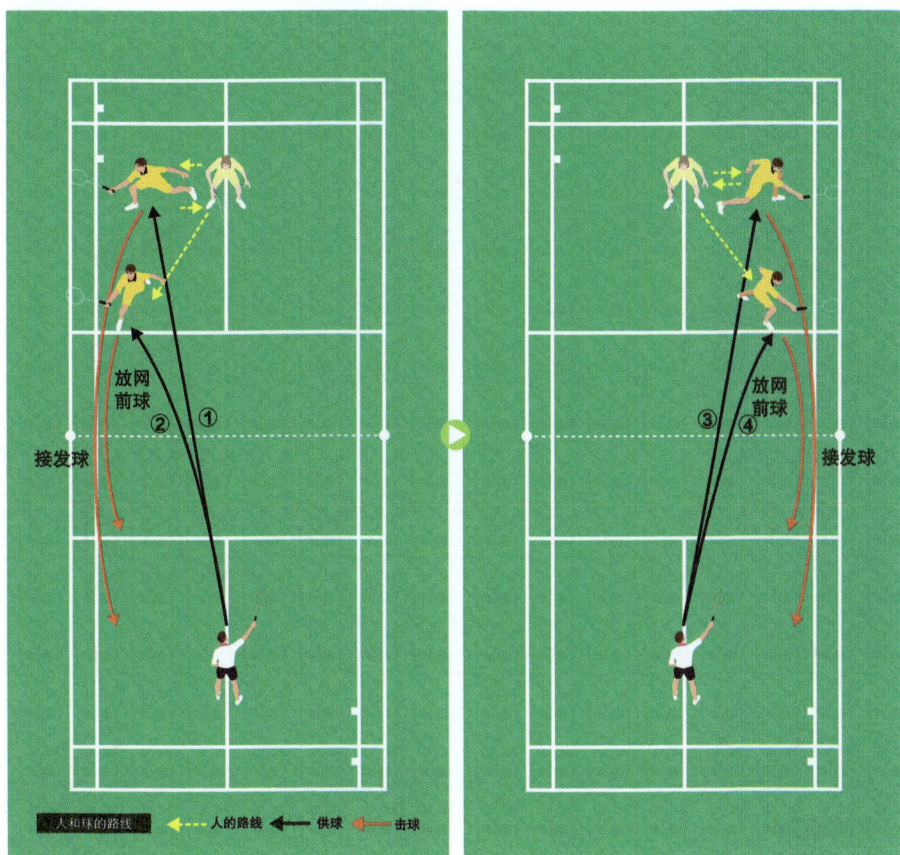

放网前球 ② ①
接发球

人和球的路线 ←-- 人的路线 ◄━ 供球 ◄~~ 击球

放网前球 ③ ④
接发球

练习步骤

① 供球者位于球场中央，正手杀球。选手接发球打直线。返回中心位置。

② 供球者正手网前球。选手正手放网前球。返回中心位置。

③ 供球者反手杀球。选手接发球打直线。返回中心位置。

④ 供球者反手吊网前球。选手反手放网前球。

教练笔记 如果将供球者的位置向前移，也可以手抛羽毛球给球。这时，由于从上向下抛球的话角度过大，因此按照平抽球的感觉抛球为好。

基本技术

杀球

高远球·吊球

网前球

接发球

平抽球

发球

单打的战术训练

双打的战术训练

多球训练

体能训练

基本技术

杀球

高远球·吊球

网前球

接发球

平抽球

发球

单打的战术训练

双打的战术训练

多球训练

体能训练

接发球

练习
084

挑球后接发回球①

等级 ★★★★

时间 约10分钟

次数 16~20次×5组

目标 学习对方打网前球时，回球不得不向
上挑球时的防守方法。

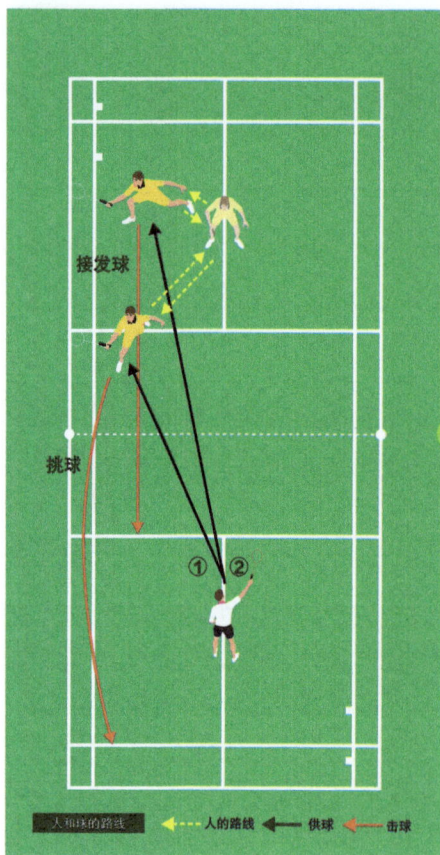

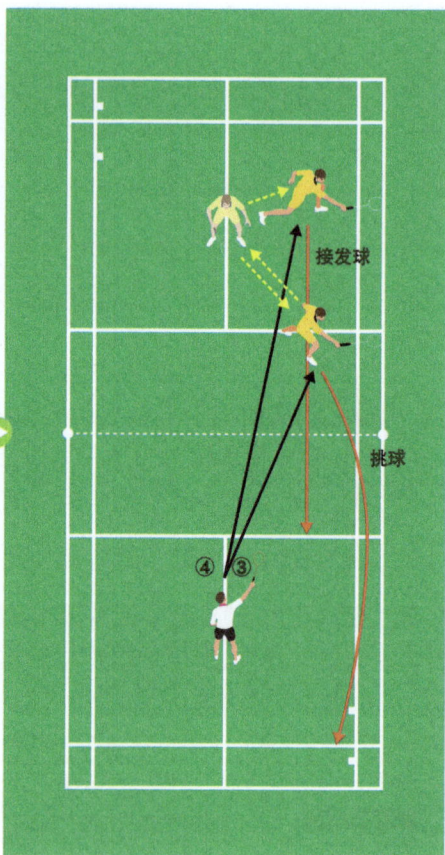

接发球

接发球

挑球

挑球

① ②

④ ③

人和球的路线 ---▶ 人的路线 ◀— 供球 ◀— 击球

练习步骤

①供球者位于球场中央，向正手网前发球。选手挑直
线球。

②供球者向正手边线杀球。选手接发球打直线球。

③供球者向反手网前发球。选手挑直线球。

④供球者向反手边线杀球。选手接发球打直线球。

教练笔记 如果在选手返回中心位置之前就
发下一个球，接球准备和动作都
不充分，很容易就会养成靠手腕
接发球的习惯。

练习
085

挑球后接发回球②

等级 ★★★★

时间 约10分钟

次数 16~20次×5组

目标 练习084中的防守型接发球的正反手交替练习。

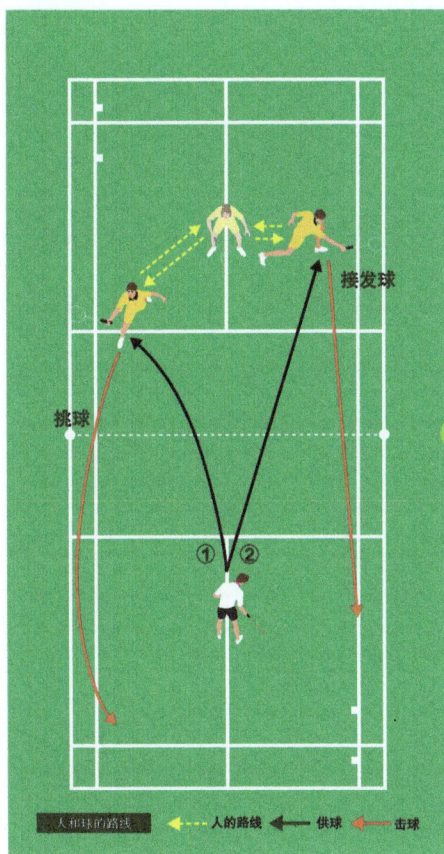

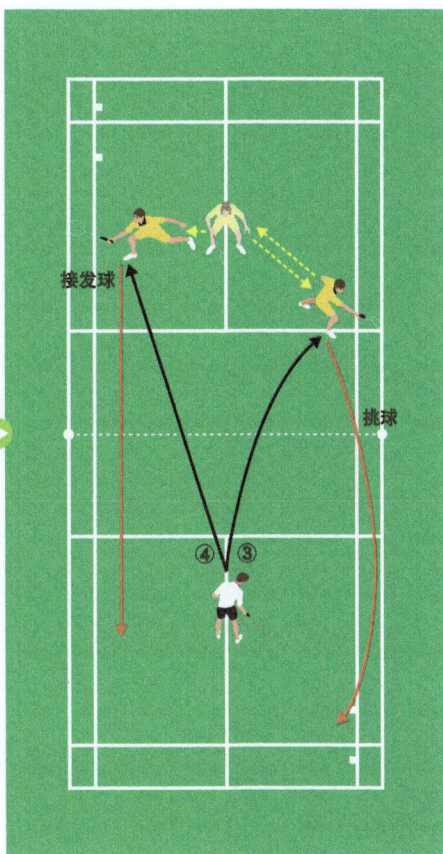

人和球的路线 —— 人的路线 —— 供球 —— 击球

基本技术

杀球

高远球·吊球

网前球

接发球

平抽球

发球

单打的战术训练

双打的战术训练

多球训练

体能训练

练习步骤

①供球者位于球场中央，向正手网前发球。选手挑直线球。

②供球者向反手边线杀球。选手接发球打直线球。

③供球者向反手网前杀球。选手挑直线球。

④供球者向正手边线杀球。选手接发球打直线球。

教练笔记

手抛羽毛球发球也可以。为了练习选手接发杀球时在身体正前方而不是身体侧面击球，抛球时要注意调整球速。如果在身体后方击球，则说明挑球后没有返回中心位置。

基本技术

杀球

高远球·吊球

网前球

接发球

平抽球

发球

单打的战术训练

双打的战术训练

多球训练

体能训练

接发球

练习
086

接发球抢攻①

等级 ★★★★

时间 约10分钟

次数 16~20次×3~5组

目标 练习利用接发球破坏对方进攻，转换为主动进攻，形成有利局面。

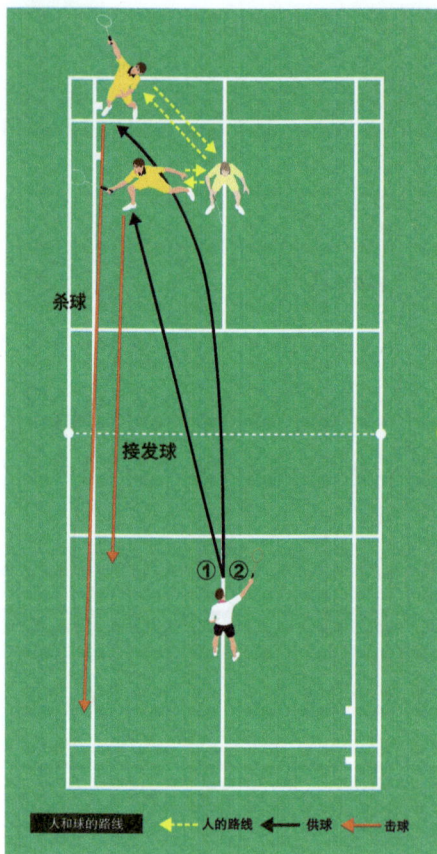

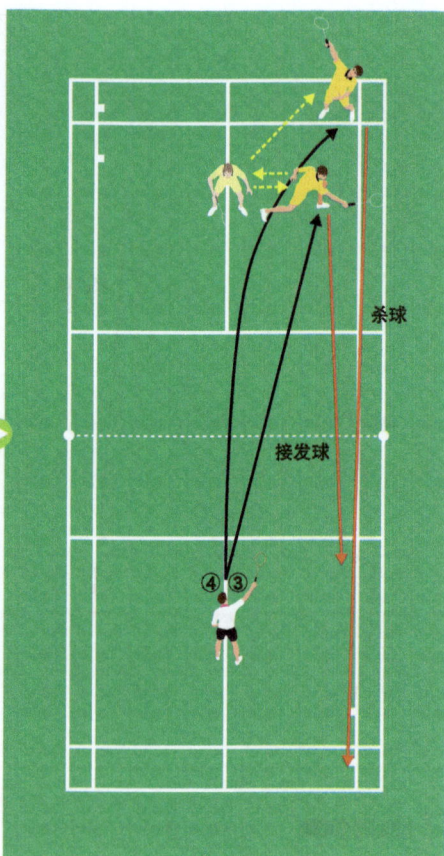

杀球

接发球

①②

人和球的路线 ◄----- 人的路线 ◄—— 供球 ◄—— 击球

杀球

接发球

④③

练习步骤

①供球者位于球场中央，向正手边线杀球。选手接发球打直线球。

②供球者杀对方正手后场。选手杀直线球。

③供球者向反手边线杀球。选手接发球打直线球。

④供球者挑对方反手后场。选手杀直线球。

教练笔记 本项练习是挑球后杀球，如果将杀球换成高远球或吊球，则变成适合女选手的训练了。女选手更侧重练习对方不得不挑高球时的处理方法。

基本技术

杀球

高远球·吊球

网前球

接发球

平抽球

发球

单打的战术训练

双打的战术训练

多球训练

体能训练

练习 087 接发球抢攻②

等级 ★★★★

时间 约10分钟

次数 16~20次×3~5组

目标 假设守住对方强攻后，
对方挑对角线球时的回球练习。

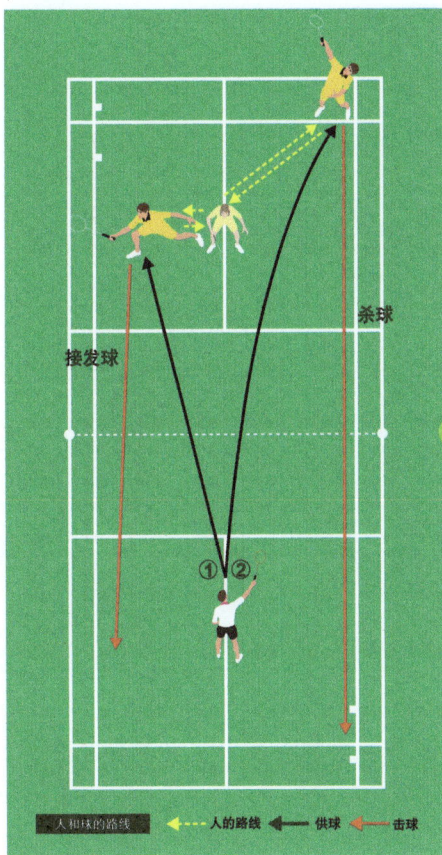

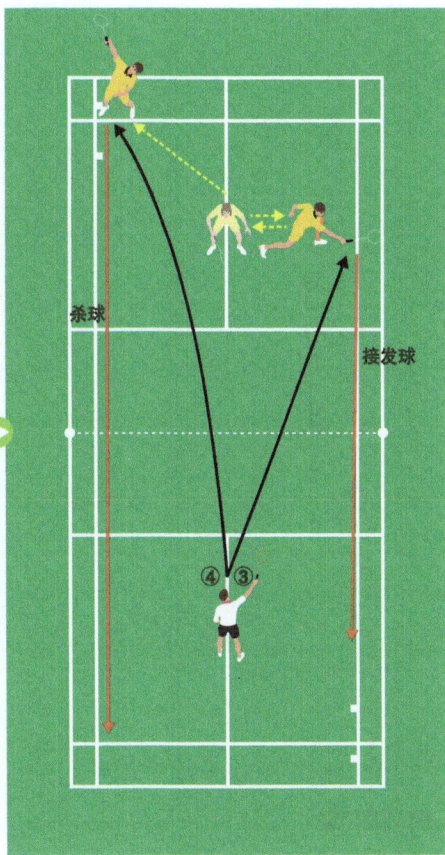

杀球

接发球

杀球

接发球

① ②

④ ③

人和球的路线　⬅--- 人的路线　⬅--- 供球　⬅--- 击球

练习步骤

①供球者位于球场中央，向正手边线杀球。选手接发球打直线球。

②供球者挑反手后场。选手头顶杀直线球。

③供球者向反手边线杀球。选手接发球打直线球。

④供球者挑正手后场。选手正手杀直线球。

教练笔记 对角线步法移动后杀球时，无论球从哪个方向来，会跳杀的选手往往都在球场中央附近起跳击球。其实这样并不好。应该根据球路调整移动的距离，在离球较近的位置起跳。

125

基本技术

杀球

高远球·吊球

网前球

接发球

平抽球

发球

单打的战术训练

双打的战术训练

多球训练

体能训练

接发球

练习 088

破坏对方强攻，抓住进攻机会

等级 ★★★★

时间　约10分钟

次数　18~24次×3组

目标　破坏对方强攻，回球时放网前球来迫
使对方挑高球后杀球，掌握进攻的主动权。

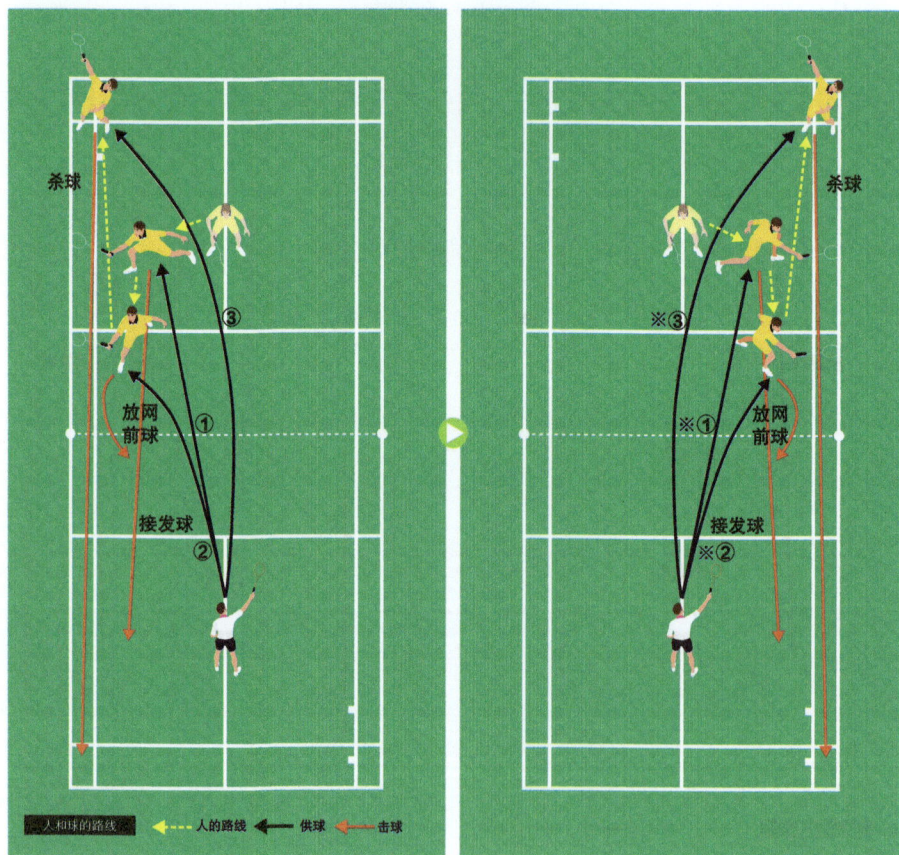

杀球

放网前球

接发球

①

②

③

杀球

※③

放网前球

接发球

※①

※②

人和球的路线　　- - - 人的路线　　←供球　　←击球

练习步骤

①供球者位于球场中央，杀正手边线球。选手接发球
　打直线球。

②供球者向正手前场发球。选手放网前球。

③供球者挑正手后场。选手杀直线球。

※以同样的方式练习反手接发球→反手放网前球→头
　顶杀球。

教练笔记

3种打法中最重要的是放网前球。
放网前球的球路能打好的话，对方
就只能挑高球了。接发球后，举拍
上网，不要被对方察觉到自己要放网前球。

基本技术

杀球

高远球·吊球

网前球

接发球

平抽球

发球

单打的战术训练

双打的战术训练

多球训练

体能训练

接发球

练习 089
破坏对方的强攻后，对方挑对角线球的应对

等级	★★★★
时间	约10分钟
次数	18~24次 ×3组

目标 练习088中放网前球后，假设对方挑对角线球，培养此时选择进攻还是打过渡球的判断力。

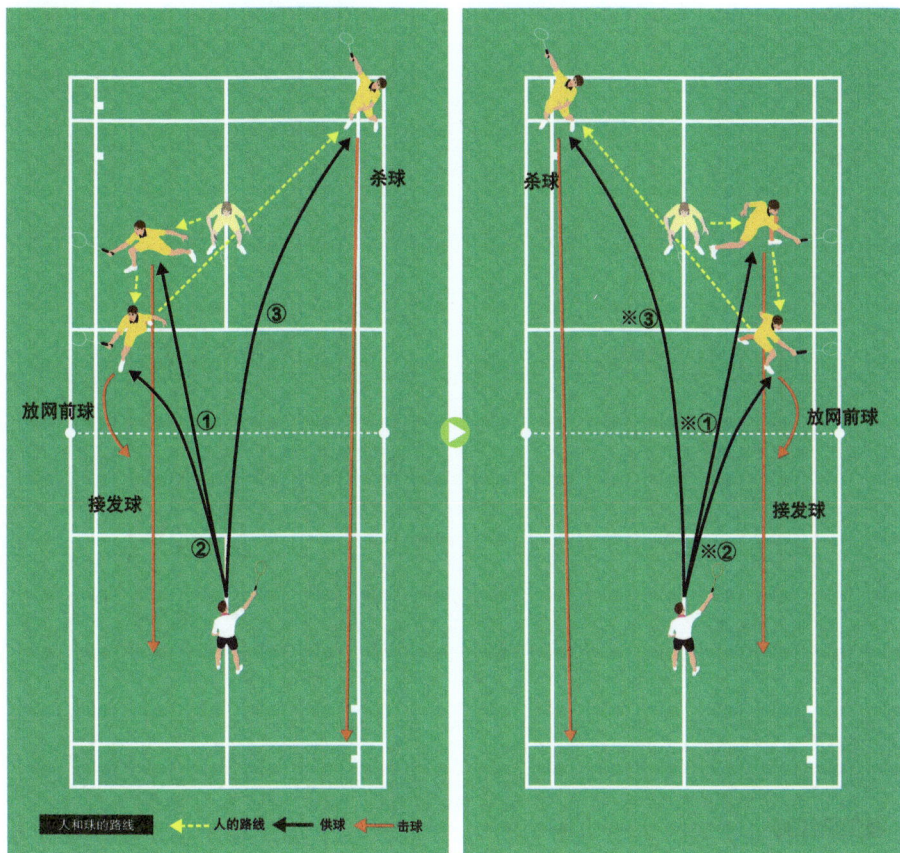

人和球的路线 ◄---- 人的路线 ◄—— 供球 ◄—— 击球

杀球　③　放网前球　①　接发球　②

※③　※①　放网前球　※②　接发球　杀球

练习步骤

① 供球者位于球场中央，向正手边线杀球。选手接球打直线球。

② 供球者向正手前场发球。选手放网前球。

③ 供球者挑反手后场。选手头顶杀直线球。

※ 以同样的方式练习反手接发球→反手放网前球→正手杀球。

教练笔记 头顶杀球时，对角线步法移动是否到位是最为关键的。供球者给球线路如果过于刁钻而让选手不顾姿势为了接球而接球的话，还不如给出让选手接球舒服的球路，用正确的姿势击球。

基本技术

杀球

高远球·吊球

网前球

接发球

平抽球

发球

单打的战术训练

双打的战术训练

多球训练

体能训练

接发球

练习 090

接发球后调整姿势

等级 ★★★★★

时间 约10分钟

次数 12～18次×3组

目标 前3个球和后3个球需要留意的点不同，练习在全场6个点充分移动。
训练击球后步法移动的速度。

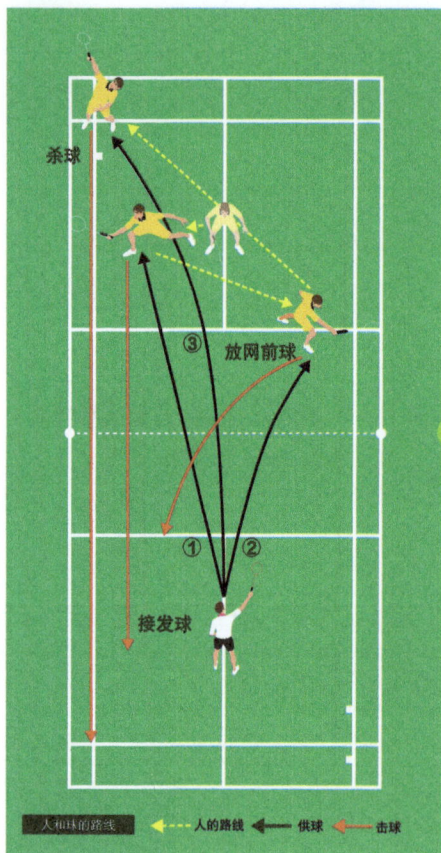

杀球

放网前球

③

① ②

接发球

杀球

放网前球 ※③

※② ※①

接发球

人和球的路线　←‑‑ 人的路线　←— 供球　←— 击球

姿势变形后迅速调整。
练习时要有最后要制造杀球机会的感觉。

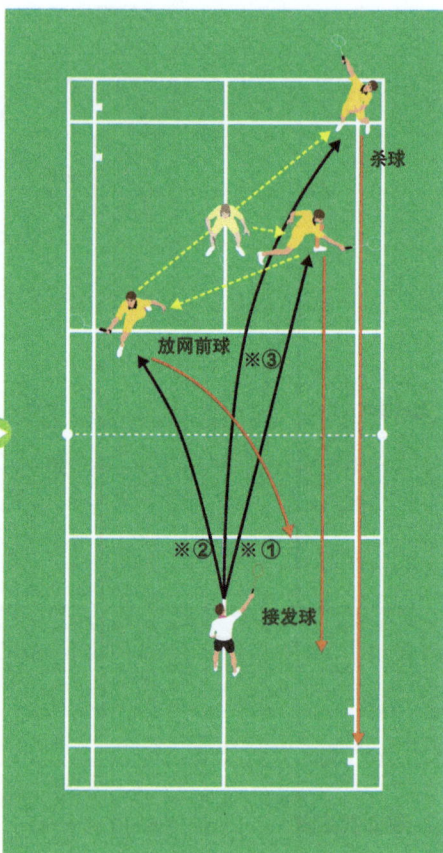

最初的3个球练习完成后，可以稍微休息一下。

练习步骤

①供球者位于球场中央，向正手边线杀球。选手接发球打直线球。

②供球者向反手前场发球。选手放网前球打斜线球。

③供球者挑正手后场。选手杀直线球。

※接下来进行另一侧的3个球的练习。

教练笔记 不仅击球前的步法移动要快，击球后的步法移动也要快。尤其是击球后的第1步，如果能够蹬地启动，那么步法移动的速度也会加快。

练习
091

杀对角线球的
接发球

等级 ★★★★

时间 约10分钟

次数 15～20次

目标 掌握接杀对角线球时的击球时机和脚下步法。

准备阶段要具备对方也可能杀直线球的意识。

判断出是对角线球后，快速步法移动。

放置羽毛球筒做标记，明确接发球的击球路线。

练习步骤

①供球者位于球场中间区域的左侧或者右侧边线，杀对角线球。

②选手在中心位置做准备，接发球打直线球。

教练笔记

对方杀对角线球时，球多数都会飞到自己的前面。通过这个练习，要掌握杀对角线球和杀直线球的球路的区别、接发球的技术和脚下步法。

动作要领及建议

对方杀直线球时，在身体的侧面也可以接球，但是对方杀对角线球时就不行了。注意要在身体的前方接发球。

基本技术

杀球

高远球·吊球

网前球

接发球

平抽球

发球

单打的战术训练

双打的战术训练

多球训练

体能训练

129

基本技术

杀球

高远球·吊球

网前球

接发球

平抽球

发球

单打的战术训练

双打的战术训练

多球训练

体能训练

接发球

练习 092

接发球的多球训练
（适用于双打）

等级 ★ ★ ★ ★

⏱ 次数　约10分钟

🔁 次数　10~20次

目标 适用于双打的多球训练。
掌握回对方后场选手的杀球后，对方前场队员打网前球时的应对方法。

■ 供球者向选手的正前方发球，不要向左右偏移。

■ 选手接发球时想象成对方前场队员、后场队员都在场上。

■ 接发球时把供球者当成前场队员，球的线路要瞄准其侧面。

练习步骤

① 供球者位于球场中央，交替杀球和打网前球。

② 选手在中心位置做准备，供球者击出球后接发球。

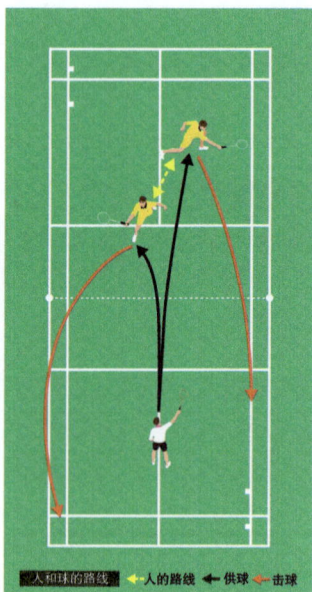

人和球的路线 ◄┄ 人的路线 ◄─ 供球 ─► 击球

📋 **教练笔记**　使用全场练习，供球者位于球场中央的话，更容易被想象成是比赛时的前场队员。这个练习左右移动较少，如果是具备一定实力的选手，可以同时有3个接球人，排队练习。

第6章
平抽球

平抽球进可攻、退可守，
是能够决定比赛主动权的打法，
尤其多用于双打比赛中。
因此要通过练习来掌握
这项对打时不输球的技术。

基本技术

杀球

高远球·吊球

网前球

接发球

平抽球

发球

单打的战术训练

双打的战术训练

多球训练

体能训练

平抽球的技术解说

技术解说

正手平抽球

注意这里！
拍头向上，向球的
方向出脚

注意这里！
在身体前方一点的
位置击球，向前将
球推出

动作要领 1	准备时拍头向上
动作要领 2	向右侧出脚，脚尖朝向球的方向
动作要领 3	让球距离身体足够近

技术解说 **利用对方的球的力量，击球时是将球推出的感觉**

平抽球是球速较快、球路平行于网带的一种打法。球的位置过低的话会下网，球的位置过高的话就会成为对方的机会球，因此，对精度的要求是非常高的。最关键的一点是，击球时要利用对方的球的力量，寻找时机将球直线推出。同时，在身体侧面击球容易失去平衡，因此要尽量在身体的正面击球。

基本技术

杀球

高远球·吊球

网前球

接发球

平抽球

发球

单打的战术训练

双打的战术训练

多球训练

体能训练

| 动作要领 **4** | 拍面要与球网平行 | 动作要领 **5** | 击球时是在身体前方将球推出的感觉 | 动作要领 **6** | 要做好准备接对方的回球 |

对于球速较慢的平抽球，回球时要大幅度挥拍

如果对方的平抽球球速较慢，用平抽球回球时，仅仅打到球是不能回球到对方场地的。击球前要先向后撤拍并大幅度挥拍，这样才能将全身的力量作用到球上。

对于球速较快的平抽球，回球时要缩短挥拍半径

如果对方的平抽球球速较快，用平抽球回球时，首先要找准时机，撤拍幅度要小，击球时是将球推出的感觉。

基本技术

杀球

高远球·吊球

网前球

接发球

平抽球

发球

单打的战术训练

双打的战术训练

多球训练

体能训练

平抽球的技术解说

技术解说

反手平抽球

注意这里！

根据球速向后撤拍

| 动作要领 1 | 反手握拍 | 动作要领 2 | 根据球的速度向后撤拍 | 动作要领 3 | 让球距离身体足够近 |

技术解说 **不要觉得反手薄弱，要积极地打**

很多选手不擅长打反手球。究其原因虽然有很多，但是归根结底还是缺乏练习，或者没有坚持练习吧。打反手平抽球的注意事项和打正手平抽球时基本一样。和接发球一样，自己身体右侧的球就用正手、左侧的球就用反手。这样区分的话，肯定能够掌握。尤其是初学者，哪怕失误也不要紧，应该积极地练习反手位打法。

基本技术

杀球

高远球·吊球

网前球

接发球

平抽球

发球

单打的战术训练

双打的战术训练

多球训练

体能训练

注意这里!
在身体前方一点的
位置击球

| 动作要领 **4** 拍面要与球网平行 | 动作要领 **5** 在身体前面将球推出的感觉 | 动作要领 **6** 要做好准备接对方的回球 |

在大幅度挥拍中找到击球点

　　想要缩小挥拍半径，打球速较快的平抽球，对方打过来的球的速度要快，同时能够将全身力量作用到击球点上也非常重要。首先，要在大幅度挥拍的过程中，找到能爆发出自己最大力量的击球点。

▲ 在大幅度挥拍的过程中，找到自己的击球位置。

基本技术

杀球

高远球·吊球

网前球

接发球

平抽球

发球

单打的战术训练

双打的战术训练

多球训练

体能训练

平抽球

练习 093 平抽球的正反手交替练习

等级 ★★★

时间 5～10分钟

次数 —

目标 平抽球的正反手交替练习。训练选手熟练地转换握拍方法。

■ B向正手位和反手位分别发球。

■ A向来球方向跨步，打平抽球。

■ A击球后，返回中心位置。

■ 反手击球时注意握拍方式的转换。

练习步骤

①全场1对1进行练习。B分别向正手位和反手位打平抽球。A用正手平抽球或反手平抽球回球，连续对攻。

②A从中心位置跨出一步，正反手交替打平抽球。

教练笔记

女选手多愿意用正手去接反手位的球。反手打法一定要从小练起，因此小学生的教练必须积极地进行反手打法的训练。

练习 094 平抽球的1对1 半场练习

目标 通过平抽球的正反手交替练习，消除反手薄弱的意识。

位于球场中央，自己身体右侧的球用正手接。

对攻的速度不重要，关键是对正反手打法的判断。

自己身体左侧的球用反手接。

练习步骤

①利用半场，双方位于球场的中央，进行1对1的平抽球对打。

②对方是正反手交替击球，所以没有必要追求球的路线，但是要根据情况选择正手或反手打法。

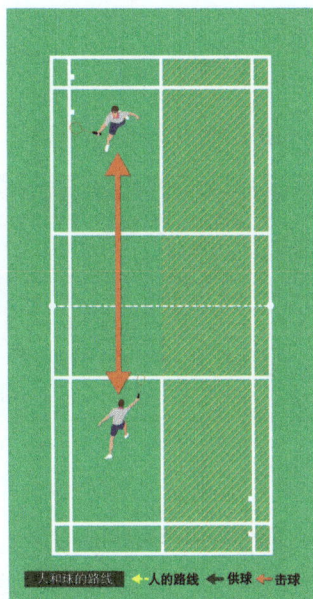

█ 人和球的路线 ← 人的路线 ← 供球 ← 击球

教练笔记 如果不擅长反手打法，慢慢地就会向正手接球的位置移动。对打时，准备位置就固定在球场中央，注意不要移动位置。

基本技术

杀球

高远球·吊球

网前球

接发球

平抽球

发球

单打的战术训练

双打的战术训练

多球训练

体能训练

137

基本技术

杀球

高远球·吊球

网前球

接发球

平抽球

发球

单打的战术训练

双打的战术训练

多球训练

体能训练

平抽球

练习 095 从球场中央向反手边线移动抽球

时间　5~10分钟

次数　一

目标 通过平抽球的练习，强化相对薄弱的反手技术。

▌A 向球的方向跨出一步，打平抽球。

▌A 回球时始终采用反手打法。

▌A 击球后务必返回中心位置。

练习步骤

①1对1全场练习，A位于自己半场的中央，B位于中心位置。

②B向对方反手位打平抽球，A反手打平抽球，连续对攻。

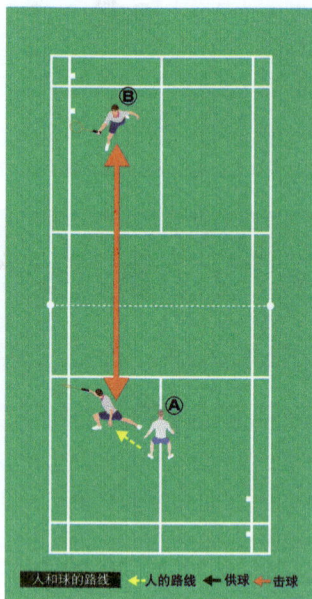

人和球的路线　←人的路线　←供球　←击球

教练笔记 反手平抽球的技术要领是要向来球方向跨步，还有就是要在身体前方击球。采用反手打法时，想要将全身力量都作用到球拍上很难，要找到将球推出的感觉。

基本技术

杀球

高远球·吊球

网前球

接发球

平抽球

发球

单打的战术训练

双打的战术训练

多球训练

体能训练

等级 ★★★★

练习
096

平抽球的全场多球练习

时间 约10分钟

次数 16~20次×3~5组

目标 假设自己是双打时的前场队员，进行多球训练。
训练在任何情况下都能打好平抽球的技术。

供球者发球时要避免球路过于单一。

练习步骤

① 供球者位于中心位置前面，任意发出位置较低、速度较慢的球。

② 选手根据来球的高度和线路，选择合适的平抽球打法回球。

对方进攻另一侧时，选手回球的球速慢一点不要紧，但是要控制好回球路线。

教练笔记 供球者向选手的前后左右各个位置发球。同时，不要一味地发快球，时而发一次慢球更能培养选手实战的感觉，训练的效果会更好。

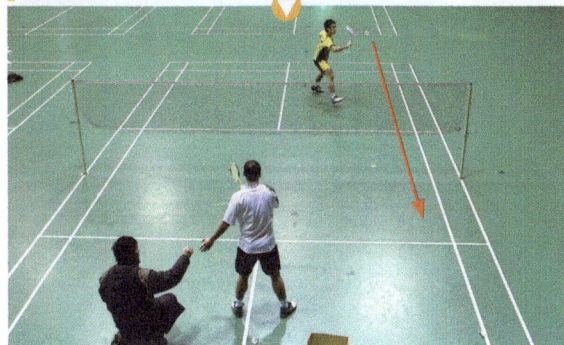

选手全部用平抽球回球。

动作要领及建议

供球者也要具备一定的水平

在本项训练中，对供球者也有一定的技术要求。如果没有合适的人选，可以借助发球机，然后供球者站的位置略靠前一些击球。如果是没有过羽毛球实战经验的供球者，那么也可以在更靠前一些的位置，手抛羽毛球发球。

基本技术

杀球

高远球·吊球

网前球

接发球

平抽球

发球

单打的战术训练

双打的战术训练

多球训练

体能训练

平抽球

练习 097

平抽球的多球训练时把握机会球

时间　约10分钟

次数　16～20次×3～5组

目标　在平抽球的多球训练中，培养对方给出高球时把握机会进攻的感觉。

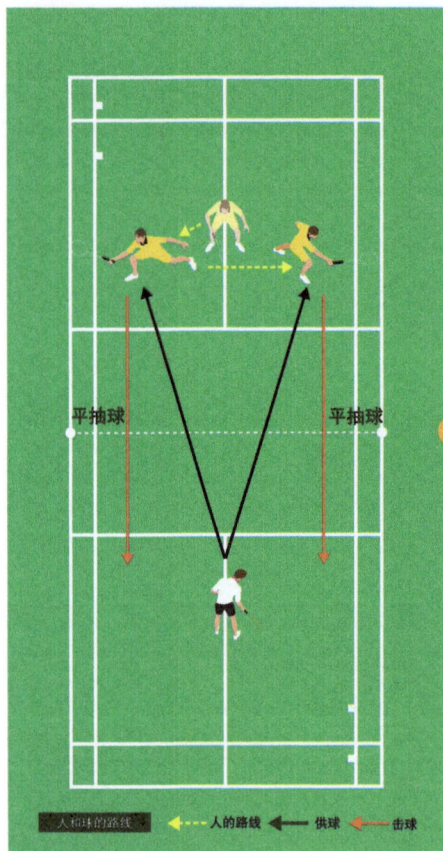

平抽球　　　平抽球

杀球

人和球的路线　◄--- 人的路线　◄— 供球　◄— 击球

按照平抽球的全场多球练习（第139页）中的练习步骤，进行平抽球的多拍对打。

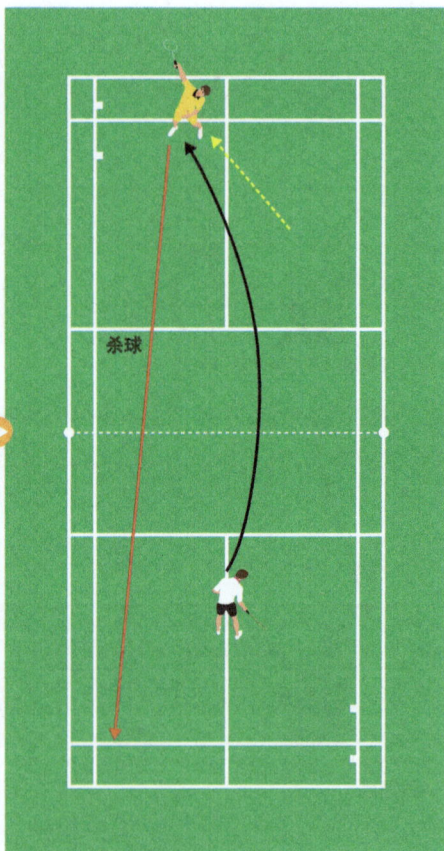

供球者随机给出机会球（挑球）后，杀球进攻。

教练笔记　供球者什么时候挑高球都可以。本项练习的主要目的是训练选手对于突如其来的机会球的快速反应能力，所以即便完全不给高球也是可以的。但是，选手必须时刻做好准备，机会球来了的时候能够快速做出反应。

动作要领及建议　假设平抽球的多拍对打中，对方被迫不得不挑高球。这时对方的姿势难以回平抽球了，那么机会球来了的时候就要快速反应，全力扣杀。

140

基本技术

杀球

高远球·吊球

网前球

接发球

平抽球

发球

单打的战术训练

双打的战术训练

多球训练

体能训练

平抽球

练习 098 平抽球→推球

等级	★ ★ ★
时间	约10分钟
次数	16~20次×3~5组

目标 针对双打时的前场队员的打法练习。
培养打平抽球后对方回球速度较慢时利用搓球进攻的感觉。

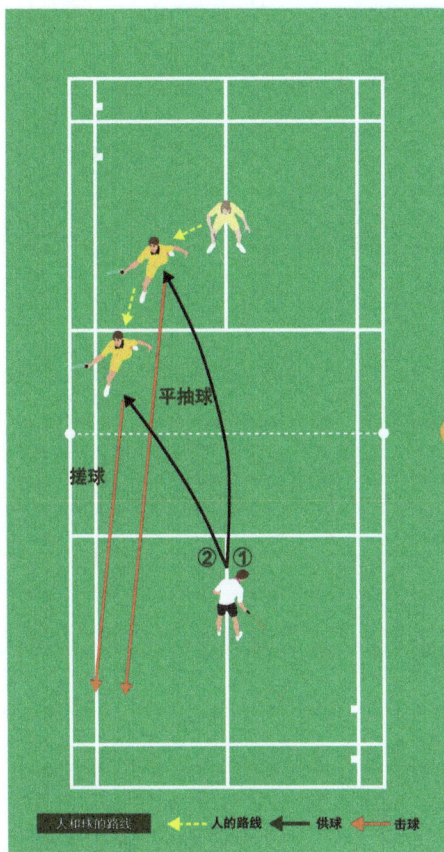

平抽球

搓球

② ①

平抽球

搓球

③ ④

人和球的路线 ┅ 人的路线 ← 供球 ← 击球

回供球者的第1个球时打平抽球，
回第2个球时上网搓球。

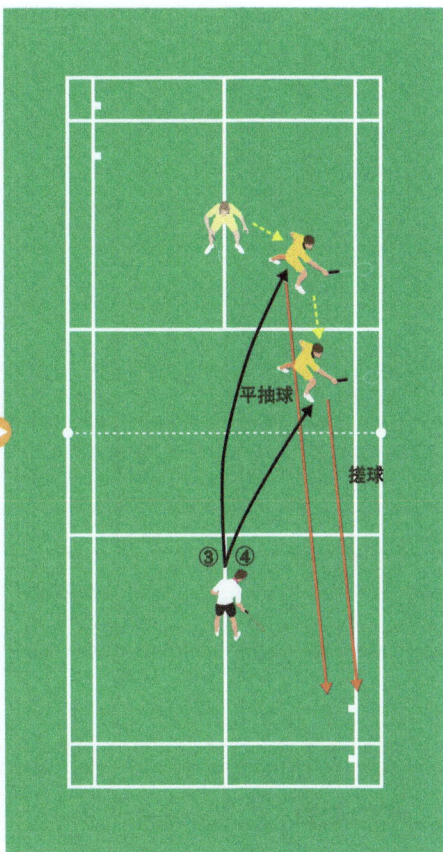

反手位用同样的方式进行先回平抽球，再回搓球的练习。

练习步骤

①供球者向正手前场发出位置较低、速度较慢的球。选手回平抽球。

②供球者继续向前场发球。选手回搓球。

③供球者向反手前场发出位置较低、速度较慢的球。选手回平抽球。

④供球者继续向前场发球。选手回搓球。

教练笔记 在双打实战中，平抽直线后，再搓对角线几乎是不可能的。因此这里的平抽球和搓球都要打直线。

基本技术

杀球

高远球·吊球

网前球

接发球

平抽球

发球

单打的战术训练

双打的战术训练

多球训练

体能训练

平抽球

练习
099

平抽球→
后场边线杀球

等级 ★★★★

时间 约10分钟

次数 16~20次×3~5组

目标 培养双打时的前场队员打平抽球后，
对方向另一侧后场边线回高球时快速步法移动并杀球进攻的感觉。

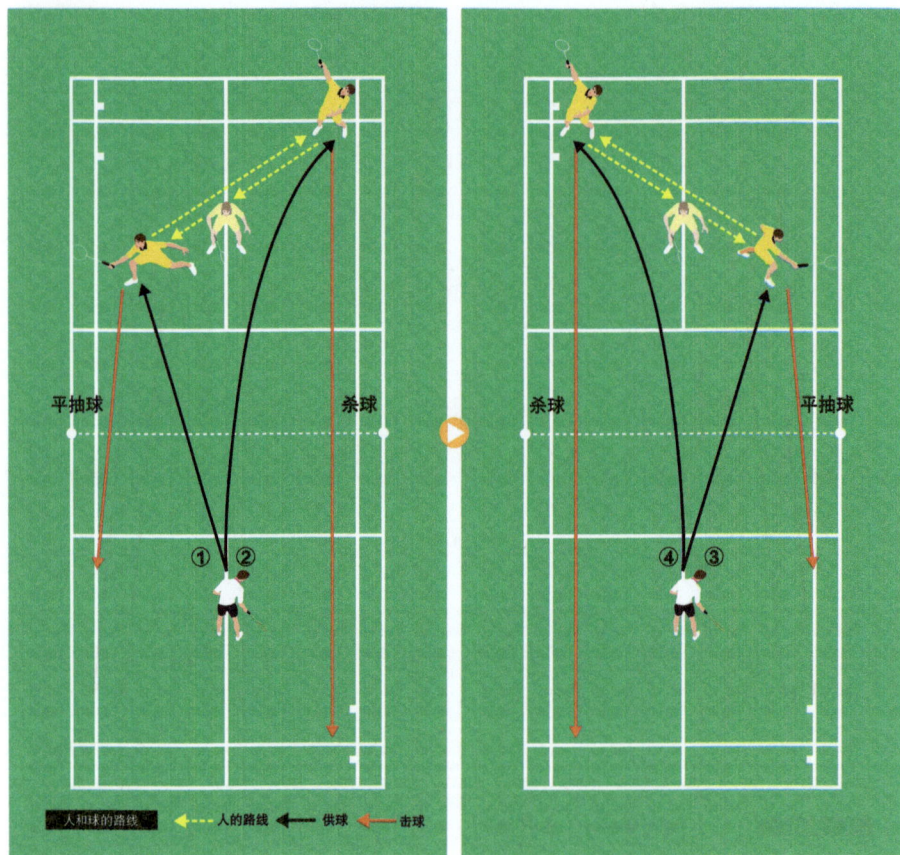

平抽球　　　　　杀球

①②

杀球　　　　　平抽球

④③

人和球的路线　　← 人的路线　　← 供球　　← 击球

移动至正手边线打平抽球后，向反手后场移动，头顶杀球。

移动至反手边线打平抽球后，向正手后场移动杀球。

练习步骤

①供球者向正手边线打平抽球。选手回平抽球。

②供球者挑反手后场高球。选手杀球。

③供球者向反手边线打平抽球。选手回平抽球。

④供球者挑正手后场高球。选手杀球。

教练笔记 在本项训练中，重要的不是杀球而是平抽球。为了能有机会杀球强攻，必须设计好之前的平抽球的线路。如果线路不够刁钻，实际比赛时，对方回球时是不会挑高球的。

练习 100 正手杀球→平抽球

目标 正手杀球后对方用平抽球回球时，
连续掌握进攻主动权的练习。

时间　约10分钟

次数　16~20次×3~5组

练习步骤

① 供球者位于球场中央，向
正手后场击出高球。选手
正手杀直线。

② 供球者向正手位或反手位
发出位置较低、速度较慢
的球。选手上网平抽直线。

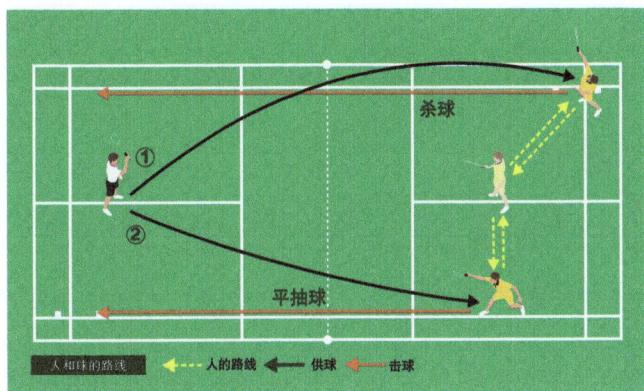

杀球

平抽球

人和球的路线　　→ 人的路线　　← 供球　　← 击球

教练笔记 供球者不要一直向同一个位置发球，要变换球速和球路。比赛时，对方是不会将球打到同样的位置的。

▍打平抽球时正手反手都可以。

练习 101 头顶杀球→平抽球

目标 头顶杀球后对方用平抽球回球时，
始终掌握进攻主动权的练习。

时间　约10分钟

次数　16~20次×3~5组

练习步骤

① 供球者位于球场中央，向
反手后场击出高球。选手
头顶杀球。

② 供球者向正手位或反手位
发出位置较低、速度较慢
的球。选手上网打平抽球。

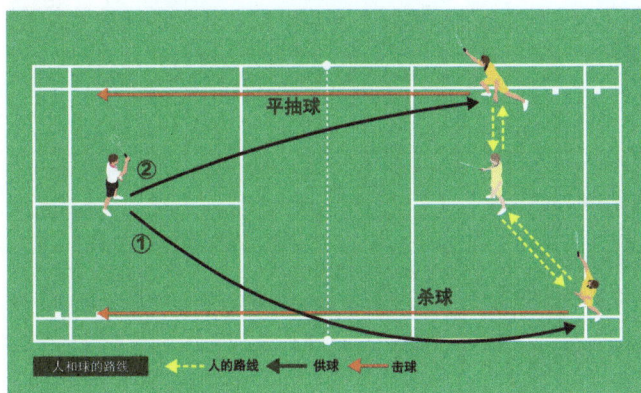

平抽球

杀球

人和球的路线　　→ 人的路线　　← 供球　　← 击球

教练笔记 将练习100和练习101作为一个训练内容交替进行的话，效果会更好。

▍打平抽球时正手反手都可以。

基本技术

杀球

高远球·吊球

网前球

接发球

平抽球

发球

单打的战术训练

双打的战术训练

多球训练

体能训练

基本技术

杀球

高远球·吊球

网前球

接发球

平抽球

发球

单打的战术训练

双打的战术训练

多球训练

体能训练

平抽球

练习 102 连续进攻掌握主动权

时间　约10分钟

次数　15~21次×3~5组

目标 利用杀球连续进攻，在接下来的对攻中始终掌握主动权的练习。

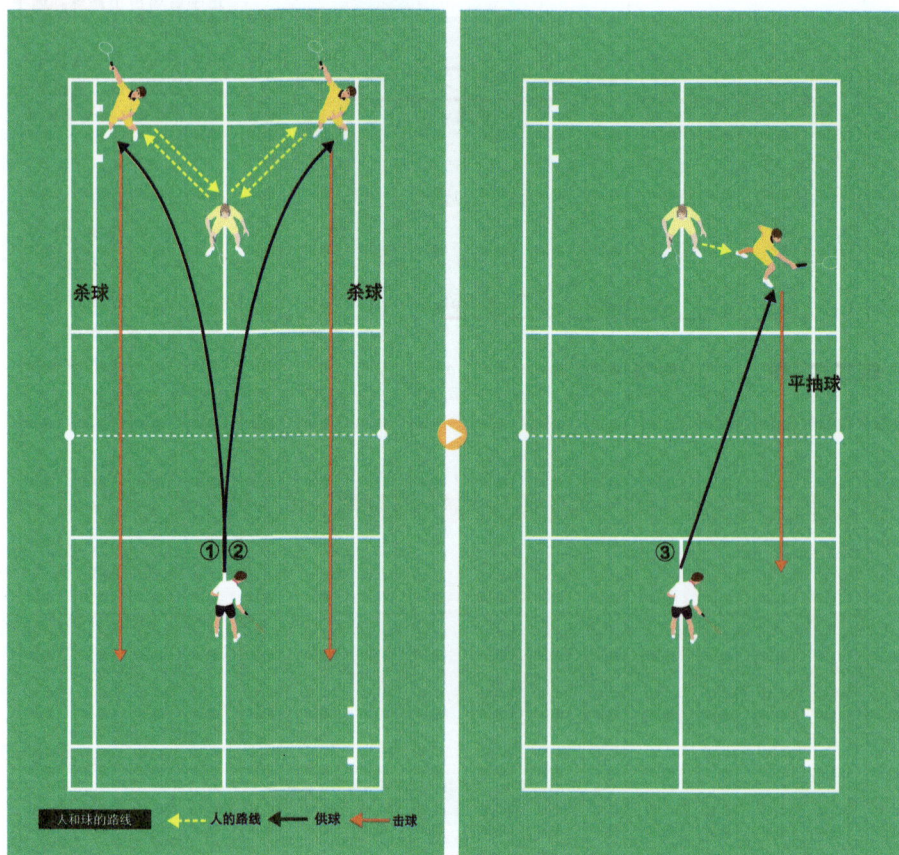

杀球　　　杀球

①②

平抽球

③

人和球的路线　　人的路线　　供球　　击球

练习步骤

①供球者位于球场中央，向正手后场发球。选手杀球后返回中心位置。

②供球者向反手后场击出高球。选手头顶杀球。

③供球者向反手边线发出位置较低、速度较慢的球。选手上网打平抽球。

※也可以用同样的方式练习头顶杀球→正手杀球→正手平抽球。

教练笔记 在一侧底线杀球后，再到另一侧底线杀球的话，身体容易失去平衡。如果第2次杀球时的姿势没有调整好，那么就要控制击球的力量。用8成左右的力量击球，以将球打到对方场地为原则。

第7章
发球

羽毛球的发球
是对己方不利的。
因此，如何利用前三拍
掌握主动权
是关键。

技术解说 # 正手发长球

| 动作要领 1 | 发球的准备动作是一样的 | 动作要领 2 | 每次都在相同的位置将举起的球放下 | 动作要领 3 | 左手松开使球下落的同时挥拍 |

| 动作要领 4 | 确认击球时机 | 动作要领 5 | 要将球击得又高又远 | 动作要领 6 | 击球后，球拍顺势挥动缓冲 |

基本技术

杀球

高远球·吊球

网前球

接发球

平抽球

发球

单打的战术训练

双打的战术训练

多球训练

体能训练

技术解说 **羽毛球下落的位置要固定**

要想发好长球，松手使球下落的位置就不能变。球下落的位置一旦固定了，挥拍就更容易配合，对球的控制也会变得容易。但是，初学者在松手的瞬间手会有靠近身体的倾向，因此在自己预先设定好的击球点往往打不到球。这样，就无法将力量作用到球上，球也不会飞得又高又远。击球时，要注意手有没有移动位置。

正手发长球的发球路线

发球时的瞄准点

发球路线瞄准中线的话
则更容易判断回球路线

很多人会觉得发球时瞄准边线更容易得分，然而几乎没有发球直接得分的例子。为了使对方的回球对自己更有利，向对方后场发高远球是最基本的打法。正手发长球的瞄准点通常是中线附近。因为对方回球时是在球场中央将球击出，所以很容易判断出对方回球的路线。发球时瞄准边线也很重要，但是如果对方回直线球的话，自己会很难接。有一定对打能力的中高级水平者可以根据情况，练习发球时打中线和边线。初学者还是应该以中线为基础，集中精力应对对方的回球。

为了将球打得又高又远

松开球的位置要高

重羽毛球虽然只有5克左右，但是也受重力作用。球下落的距离越长，由于自身的重力作用，接触到球拍时的作用力也就越大。因此，要尽量将球举至高处后再松开手使球下落，然后寻找合适的时机击球。

最后的挥拍缓冲很重要

注意击球后要顺势挥动球拍缓冲。正手发长球时，选手球打不远通常是因为拍面击到球后就停止挥拍。击球后一定要顺势向左上方挥拍缓冲。

147

基本技术

杀球

高远球·吊球

网前球

接发球

平抽球

发球

单打的战术训练

双打的战术训练

多球训练

体能训练

发球的技术解说

技术解说

反手发短球

| 动作要领 1 | 在身体的正前方持球 | 动作要领 2 | 重心放在右脚，上身稍向前倾 | 动作要领 3 | 先向后撤拍 |

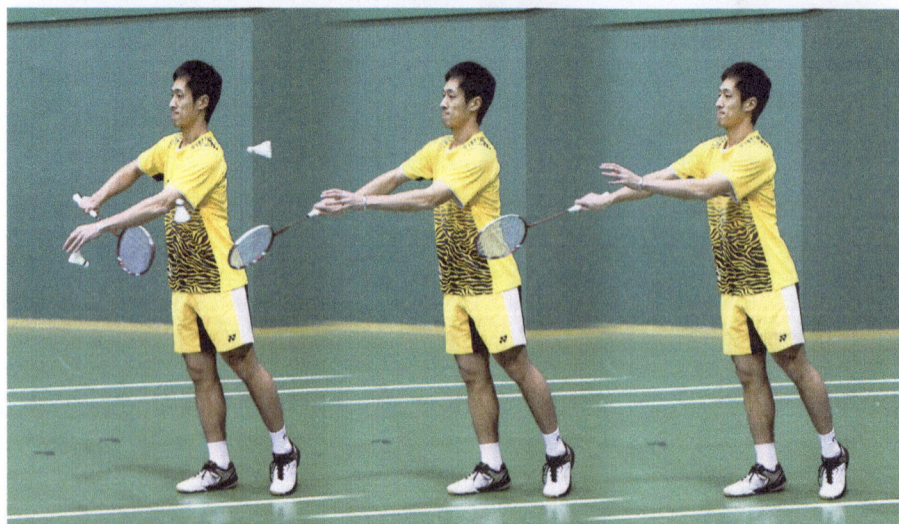

| 动作要领 4 | 击球瞬间松手使球下落 | 动作要领 5 | 击球时感觉是将球推出 | 动作要领 6 | 确认球的路线 |

基本技术

杀球

高远球·吊球

网前球

接发球

平抽球

发球

单打的战术训练

双打的战术训练

多球训练

体能训练

技术解说 ## 利用手腕力量大力将球推出

发长球时要由下而上大幅度挥拍，发短球时则是球拍稍向后撤，然后用拍面将球推出的感觉。因为距离发球线的距离较短，很多人觉得击球时没有必要用力了，但事实却并非如此。

尤其是反手发球，只是用拍面击球的话，发球路线很不稳定，球可能会往高走，也可能会下网。在日常训练中，也应注意锻炼腕部力量。

反手发短球的发球路线（双打）

发球时的瞄准点

开始的时候球的"高度"比路线更重要
让对方难接的发球路线是瞄准中线

反手发短球时瞄准中线附近不仅好打，同时对方也难接。但是，由于距离对方过近，对球的控制和力量的把握都很难。一旦没控制好，球稍微往高走一点，就会被对方抓住机会推球，造成失分。开始的时候，不要过于追求球的路线，要注意球的位置不要过高，还有就是要打对方的正面。适应了之后，可以发中线或边线附近，利用前三拍形成有利局面。发短球时对手近在眼前，可能会产生惧怕心理和压力。通常来说发球方是处于不利局面的，不知道怎么打好的时候，可以穿插发后场球。此外，还要保持"得了1分，太幸运了"这种良好的心态。

用球拍将球推出

持球的位置不能过低以防击球点过低
向前迈出右脚以保持平衡

左手持球的方式因人而异。关于持球方式没有标准答案，按照适合自己的方式就可以。但是，如果击球点过低的话，球的轨迹就会变成抛物线，很容易让对方形成进攻机会。在不违反发球规则的前提下，持球的位置高的话，才能打出球过网后即下落的弧线。发球时的准备姿势也因人而异，但是初学者最好是右脚在前。因为这样容易保持平衡，同时也更容易将力量作用到球拍上。也有人发球时两脚自然分开，这是为了控制击球力量，适应了之后也可以尝试一下。

基本技术

杀球

高远球·吊球

网前球

接发球

平抽球

发球

单打的战术训练

双打的战术训练

多球训练

体能训练

单打发球

练习 103
正手发长球
削弱对方进攻

目标 发球后摆好接对方回球的准备姿势，削弱对方进攻的同时创造进攻机会。

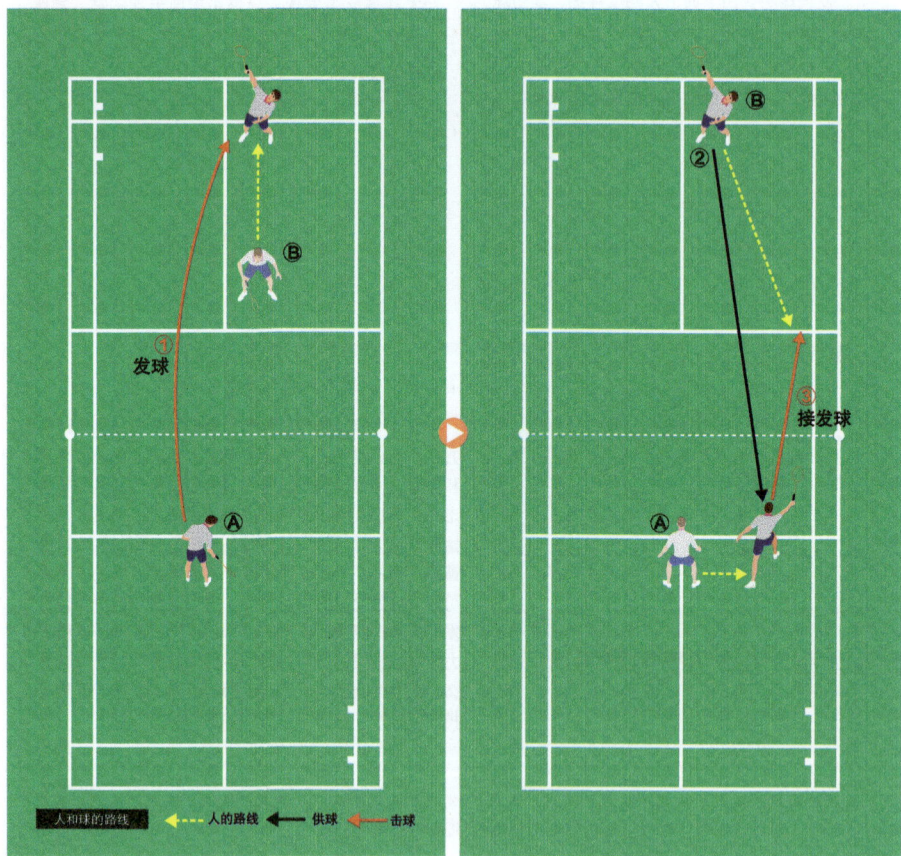

人和球的路线　◀--- 人的路线　◀━ 供球　◀━ 击球

■ A正手发后场球，将球打向又高又远的位置。

■ B回杀球。A上网接球。

练习步骤

①A正手发后场球。

②B回杀球。

③A上网接球。

教练笔记 为了削弱对方的杀球威力，发后场球时一定要打到底线附近。上网接对方回球时，尽量回短球。如果能迫使对方挑高球，那么自己进攻的机会就来了。

单打发球

练习
104

发长球
掌握主动权

等级 ★★★

时间 约10分钟

次数 10次

目标 向后场发长球来迫使对方打高远球，
从而掌握场上的主动权。

■ A 观察对方的站位，思考发球路线。

■ 正手发长球，瞄准对方后场底线。

■ B 回高远球。

■ A 快速移动至落球点，杀球。

练习步骤

①A正手发长球。

②B退至后场底线回高远球。

③A杀球。

教练笔记 如果发长球时能打到对方后场底线附近，那么对方就无法形成进攻，只能打高远球过渡。此时正是转守为攻的好时机，要快速移动到落球点杀球。

基本技术

杀球

高远球·吊球

网前球

接发球

平抽球

发球

单打的战术训练

双打的战术训练

多球训练

体能训练

151

基本技术

杀球

高远球·吊球

网前球

接发球

平抽球

发球

单打的战术训练

双打的战术训练

多球训练

体能训练

单打发球

练习 **105**

反手发短球形成有利局面

等级 ★★★★

⏱ 时间 约10分钟

✋ 次数 10次

目标 ▶ 发好反手位短球，形成有利局面。

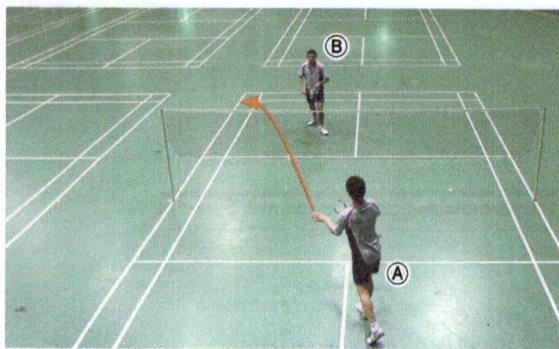

▎A 反手发短球。

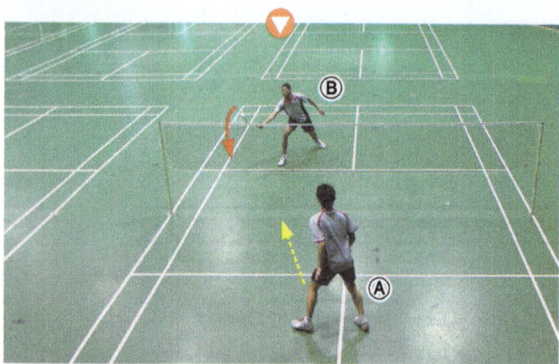

▎B 回球至网前，A 上网放网前球。

▎如果能够迫使 B 挑高球则可以掌握主动权。

练习步骤

①A反手发短球。

②B回球时放网前球。

③A快速上网接球，同样是放网前球。

④B根据对方的站位和自己的姿势，回球时可以选择挑高球、放网前球或者推球。

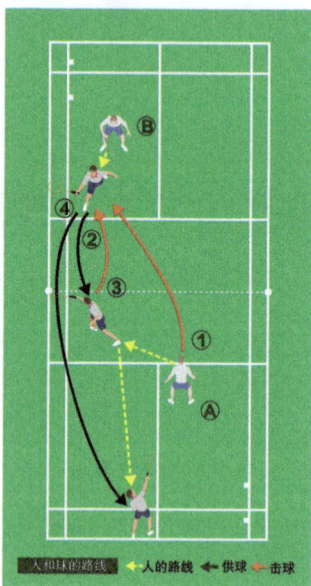

人和球的路线 ◀ 人的路线 ◀ 供球 ◀ 击球

教练笔记 B回球时如果放网前球的话，A就要迅速上网同样也放网前球，注意要在球处于较高位置时击球。同时，对于B而言，也能够练习放网前球的击球路线以及观察对方站位后再回球的意识。

152

基本技术

杀球

高远球·吊球

网前球

接发球

平抽球

发球

单打的战术训练

双打的战术训练

多球训练

体能训练

练习 106
反手发短球后的多拍对抗

等级 ★★★

⏱ **时间** 10~15分钟

👆 **次数** —

目标 双打发短球和接发球的练习。
从发球到第3拍、第4拍形成对攻局面。

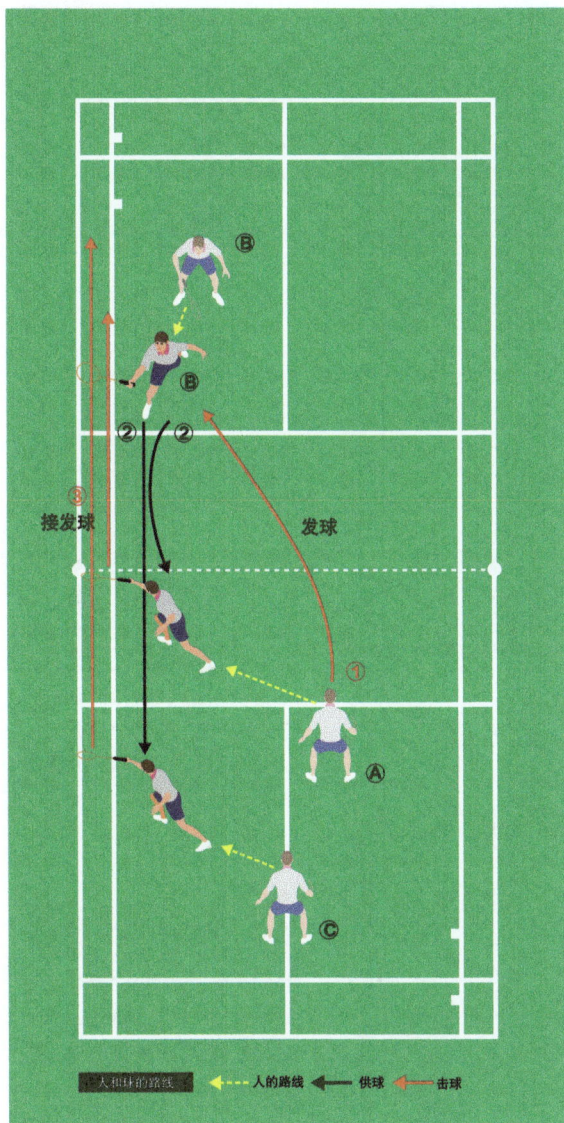

接发球　　　　　发球

练习步骤

①A发短球。

②B观察来球的路线以及对方的站位，选择合适的打法接发球。

③B回球后，A、C接球。

教练笔记　双打时，发球后的第3个球和第4个球是至关重要的。就算是说最初的对攻决定了接下来的局面对自己有利还是不利也并不为过。发球的人、接发球的人在练习时都要预测对方接下来要打什么球。

👉 **动作要领及建议**

发球人（A）发球时要注意球的高度和路线。发球时瞄准对方的正手位、反手位或者是正面都可以。接发球的一方（B、C）根据对方的发球判断是进攻还是打过渡球。注意下一个球（第4拍）要让对方的回球对己方有利。

🏸 人和球的路线　◀---- 人的路线　◀---- 供球　◀━━ 击球

▌A观察对方的站位，向对方难接球的位置发球。

基本技术

杀球

高远球·吊球

网前球

接发球

平抽球

发球

单打的战术训练

双打的战术训练

多球训练

体能训练

发球后组织进攻（双打）

练习 **107**

接发球推对方后场

时间 **约5分钟交替进行**

次数 —

目标 接发球偷袭对方后场，为己方创造有利局面。

A发短球，B接发球时向C推近身球。

练习步骤

①A发短球。
②B向对方后场队员（C）推近身球。
③C回球至网前。
④B再次推球。

C向B回球。

教练笔记 　发球方的后场队员（C）负责的第3个球的范围比较大，因此必须注意前后左右。接发球的一方（B）第2个球打后场队员的近身球，这个战术是为了偷袭对方后场队员，迫使后场队员回容易接的球。

B推后场。

动作要领 及建议

接发球的一方判断是否能够推球这一点非常重要。如果不适合推球，那么就不要勉强，可以放网前球或者半场球来过渡。

练习 108 反手发短球掌握主动权

目标 ▶ 发好反手位短球，掌握进攻的主动权。

▌A发球时注意不要让球往高走。

▌B回球时放网前球或半场球。

▌A观察球路，推球。

▌瞄准B身后的空当。

练习步骤

①A发短球。

②B回球时放网前球或半场球。

③A接球时推球至B的身后。

教练笔记 假设发了一个好球，接发球的一方（B）利用放网前球或半场球进行过渡。如果接发球的人在低于球网的位置击球，那么发球人（A）就应该立即举拍，做好推球的准备。

基本技术

杀球

高远球·吊球

网前球

接发球

平抽球

发球

单打的战术训练

双打的战术训练

多球训练

体能训练

基本技术

杀球

高远球·吊球

网前球

接发球

平抽球

发球

单打的战术训练

双打的战术训练

多球训练

体能训练

混合双打的基本概念

基本概念

发球时的站位

▶▶▶ **站位要适合混双选手各自的特点**

男队员擅长正手位打法时

如果发球的男队员擅长正手位打法，那么就让女队员站到反手位的一侧。

男队员擅长反手位打法时

如果男队员擅长反手位打法，那么就让女队员站到正手位的一侧。

女队员擅长正手位打法时

如果女队员擅长正手位打法，那么男队员发完球后就移动到反手位的一侧。

女队员擅长反手位打法时

如果女队员擅长反手位打法，那么男队员发完球后就移动到正手位的一侧。

技术解说 ## 想象对方的回球路线

双打时发球后的第3个、第4个球是非常重要的。就算是说最初的对攻决定了接下来的局面对自己有利还是不利也并不为过。发球的一方和接发球的一方在练习时都要预测对方接下来要打什么球。

发球人在发球时要注意球的高度和路线。发球时瞄准对方的正手位、反手位或者是正面都可以。

练习 109

发球后第3拍
前场女队员推球

等级 ★★★

时间 5~10分钟交替进行

次数 —

目标 掌握利用接发球一方的进攻，后场女队员快推进攻的打法。

▌A（男队员）发球时注意不要让球往高走。

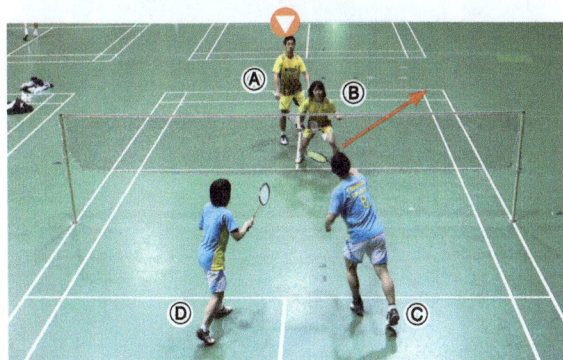

▌C（男队员）向B（女队员）回球时放网前球。

▌C（女队员）高举球拍准备，网前推后场。

练习步骤

①A（男队员）发短球。

②C（男队员）向B（女队员）回球时放网前球。

③B（女队员）回推球。

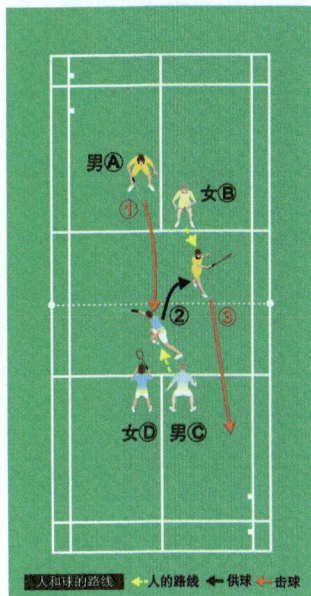

男Ⓐ 女Ⓑ

①

②

③

女Ⓓ 男Ⓒ

人和球的路线 ◀━ 人的路线 ◀━ 供球 ◀━ 击球

教练笔记 如果前场女队员（C）的姿势不适合推球，那么就先放网前球，为下一次进攻创造机会。

基本技术

杀球

高远球·吊球

网前球

接发球

平抽球

发球

单打的战术训练

双打的战术训练

多球训练

体能训练

基本技术

杀球

高远球·吊球

网前球

接发球

平抽球

发球

单打的战术训练

双打的战术训练

多球训练

体能训练

发球后组织进攻（混双）

接发球形成
男队员的进攻机会

等级 ★★★★

时间 5～10分钟交替进行

次数 —

目标 接发球时打对方边线，形成男队员的
进攻机会。

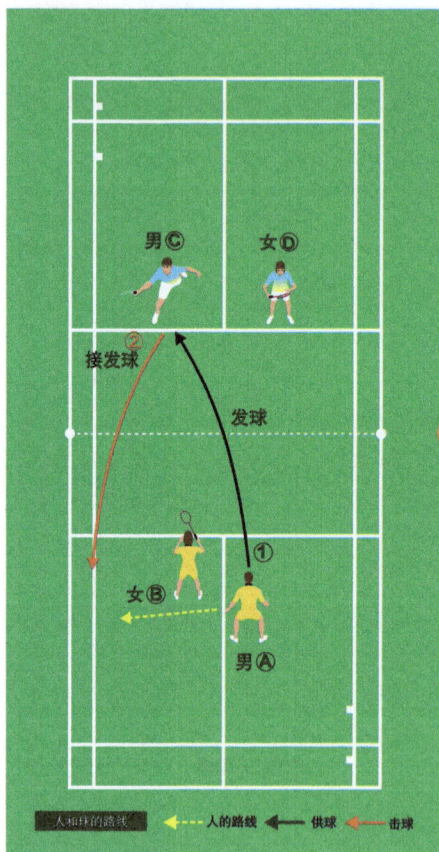

| 人和球的路线 | ◀--- 人的路线 | ◀--- 供球 | ◀--- 击球 |

■ C（男队员）接发球时打对方边线。

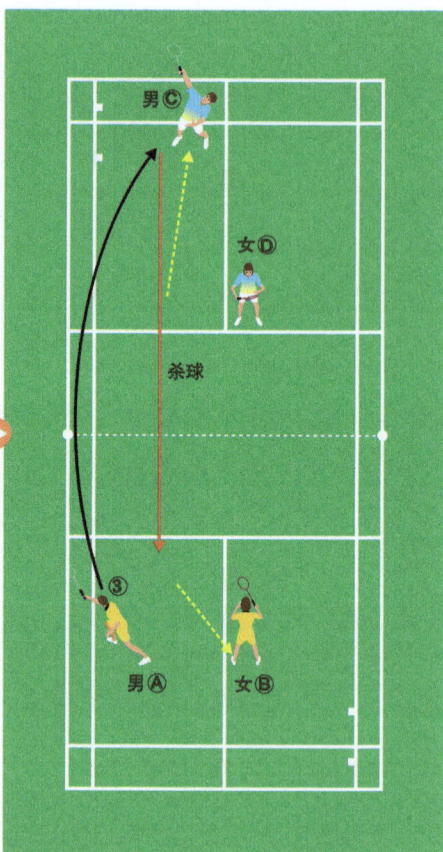

■ C（男队员）、D（女队员）前后站位（第177页），
掌握主动权。

练习步骤

①A（男队员）发短球。

②C（男队员）将球推到后场队员A（男队员）能接到
的位置。

③A（男队员）回球时打后场高球。

④C（男队员）移动至后场接球。

**教练
笔记** C（男队员）推球时如果推中线附
近，或者距离过短的话，对方就会
回平抽球或者对角线球。为了组织
进攻，要将球推到边线处。

158

基本技术

杀球

高远球·吊球

网前球

接发球

平抽球

发球

单打的战术训练

双打的战术训练

多球训练

体能训练

练习 11

女队员利用对方的第3拍进攻打反击

等级 ★★★★

时间 5~10分钟交替进行

次数 —

目标 利用混合双打特有的打法进行反击，女队员推球进攻。

A（男队员）发短球。

C（男队员）接发球打对方反手位。

A（男队员）接球时打对角线球。

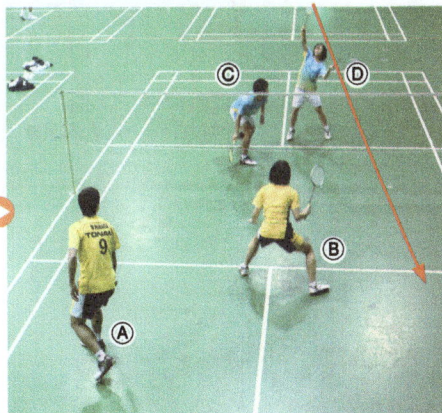

D（女队员）快速反应推球进攻。

练习步骤

①A（男队员）发短球。

②C（男队员）回球时放网前球或半场球。

③A（男队员）接发球打对角线球。

④D（女队员）推球进攻。

教练笔记

发球人在回对方的接发球时，瞄准对角线的女队员的进攻被称为第3拍进攻。女队员能否利用对方的进攻打反击这一点十分重要。如果姿势没有调整好，不要硬打，可以先放网前球过渡。

发球后组织进攻（混双）

练习 112

前场女队员放网前球时要观察对方的跑位

等级 ★★★★

时间 5～10分钟交替进行

次数 一

目标 前场女队员放网前球时要注意观察对方男队员的跑位。

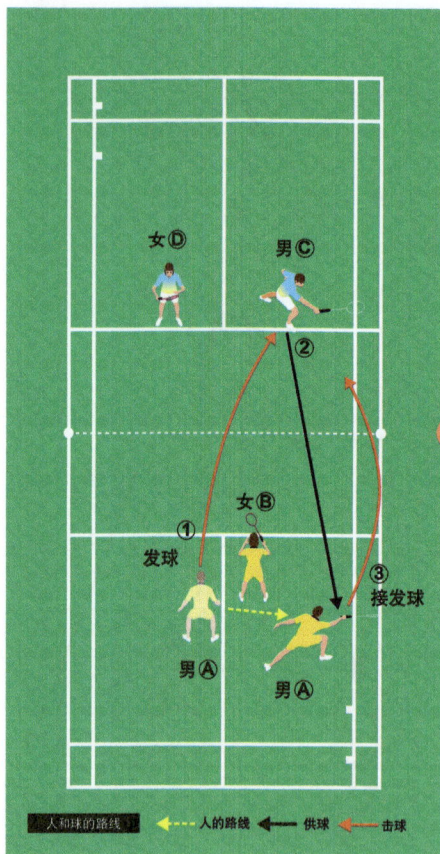

女Ⓓ 男Ⓒ ② 女Ⓑ ① 发球 ③ 接发球 男Ⓐ 男Ⓐ

人和球的路线 ← 人的路线　← 供球　← 击球

■ A（男队员）回球时调动 C（男队员）到前场。

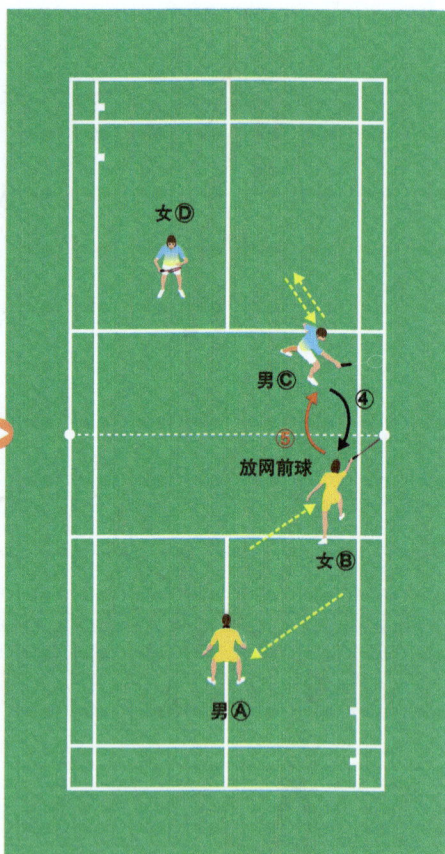

女Ⓓ 男Ⓒ ④ ③ 放网前球 女Ⓑ 男Ⓐ

■ B（女队员）观察 C（男队员）的跑位，放网前球。

练习步骤

①A（男队员）发短球。

②C（男队员）向A（男队员）回半场球。

③A（男队员）上网接发球。

④C（男队员）放网前球。

⑤B（女队员）观察对方站位，放网前球。

教练笔记 这是对接发球一方（C、D）而言最为重要的训练。男队员（C）放网前球后如果向后移动，那么同队的女队员（D）就要向网前移动，这一点非常关键。此时，为了能够顺利交换位置，双方也可以大声交流。

第8章
单打的战术训练

1对1进行较量的羽毛球单打
要求选手具备技术、体力、应变能力等
综合能力。
训练时要注意
击球的路线以及脚下步法等。

基本概念 单打的战术

技术要领①
掌握好击球路线

技术要领②
击球时打直线球
是非常重要的

基本概念 能打好直线球是非常重要的

在单打时，最希望大家能够重视的就是掌握好击球路线。即便是具备体能、力量和速度的选手，如果打不出自己想要的路线，那么在对攻中也无法取得胜利。不单靠力量，在练习中也要注意保持正确的击球路线。

想要打出漂亮的球路，关键取决于能否打好直线球。在我还是一名羽毛球运动员的时候，曾拼命地练习直线球的打法，反而记忆中没有练习过打对角线球。打好直线球是如此重要的告诫，始终伴随着我的成长。

然而，无论平日里如何加强练习，比赛中一旦需要打直线球，反而打不好。甚至国家队的运动员也会担心"如果我打直线球的话，对方岂不是很容易接吗……"但是，正是因为有了直线球这种"基本轨迹"，才有了对角线球。对角线球因为距离较长不容易出界，但是另一方面，对方的回球也是很难处理的。如果移动幅度过大还可能会接球失误。因此，为了不让对

方判断出是对角线球，首先也应该熟练掌握打直线球的基本技术。

此外，单打训练的时间分配也是教练必须思考的部分。保证在场上训练的时间是最重要不过的了，但是如果时间过长，对选手而言未必是好的。尤其是小学生和中学生，一个练习项目的练习时间过长的话，就会出现注意力不集中而导致的训练效果不够理想。例如2对1的练习，如果持续进行10分钟以上，无论是被调动的一方还是调动对手的一方都可能会感到腻烦。短时间的集中训练可能效果会更好，因此设定训练时间时也应考虑选手的注意力集中程度。

基本技术

杀球

高远球·吊球

网前球

接发球

平抽球

发球

单打的战术训练

双打的战术训练

多球训练

体能训练

调动对方到对方场区的四角或中场两侧边线这6个点

能够掌握主动权的击球路线

单打比赛时，击球后通常没有时间调整姿势。跟双打比起来，单打的特点是击球的姿势较好，因此更容易多拍对打。所以说，盲目地击球未必是能够得分的。应该逐渐调动对方并迫使对方给出机会球，从而展开进攻。

那么，应该怎样做才能调动对方呢？基本就是打对方场区的四角和中场两侧边线这6个点。将对方调离中心位置哪怕一步的距离，也会出现空当，这空当就成了进攻的目标了。但是，击球时即便有充分的时间瞄准进攻点，在连续的快速对打下也很可能演变成一次单纯的回球了。平常练习的时候，要多注意那6个点。尤其是防守的时候，要求掌握将过渡球打向那6个点的打法。

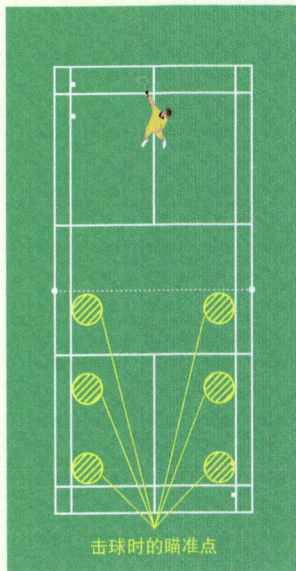

击球时的瞄准点

被调动的一方和调动对手的一方应有的意识

调动对方的练习也很重要

本书所介绍的网前短球（第166页）和长球十杀球（第167页）等都分为被调动的一方和调动对手的一方。被调动的一方要前后移动全力追球，调动对手的一方如果想放松则可以尽情地放松。因此，教练的关注点多在被调动的一方上。可是，希望教练们也能多注意调动对手的一方的打法。请确认选手击球后有没有返回中心位置，移动后的击球姿势是否标准等。如果发现选手的移动不是很到位，那么可以摆放一把椅子，让选手击球后习惯性地触碰椅子。

▲ 练习时可以让选手击球后触碰椅子。

163

基本技术

杀球

高远球·吊球

网前球

接发球

平抽球

发球

单打的战术训练

双打的战术训练

多球训练

体能训练

单打的战术训练

等级 ★★★

时间 5~10分钟

次数 —

练习 113 **前后移动击球的练习**

目标 掌握前后移动时保持正确姿势击球的技术。

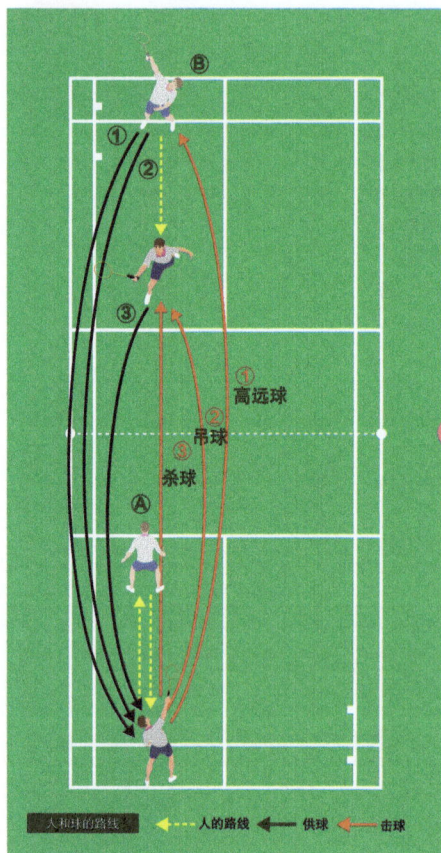

人和球的路线　← 人的路线　← 供球　← 击球

A 每次打完高远球、吊球或杀球后，都要返回中心位置。

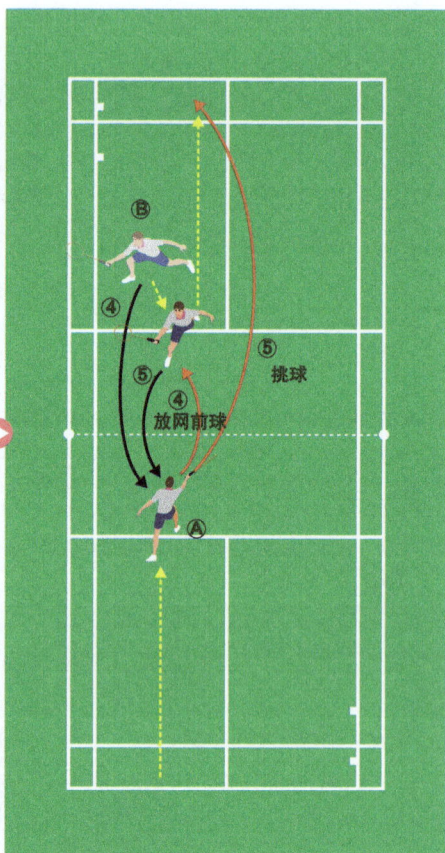

A 挑球后攻守交换。
接下来 B 打练习步骤①的高远球。

练习步骤

①B向后场发球。A打高远球。

②B回高远球，A打吊球。

③B回球时挑高球，A杀球。

④B回球至网前，A放网前球。

⑤B也放网前球，A回挑球后攻守交换。回到步骤①。

教练笔记 这是一个以前后场的步法移动为核心的练习。和击球练习相比，跑动增加了，因此保持正确的姿势击球也会相应地变得困难。要保证步法的正确性，注意脚下不要停，击球时不要压腕。

164

等级 ★ ★ ★

基本技术

杀球

高远球·吊球

网前球

接发球

平抽球

发球

单打的战术训练

双打的战术训练

多球训练

体能训练

练习 114

杀球的交替练习

时间 5~10分钟

次数 —

目标 练习杀球后，接对方回球时还能以稳定的状态打好挑球的技术。

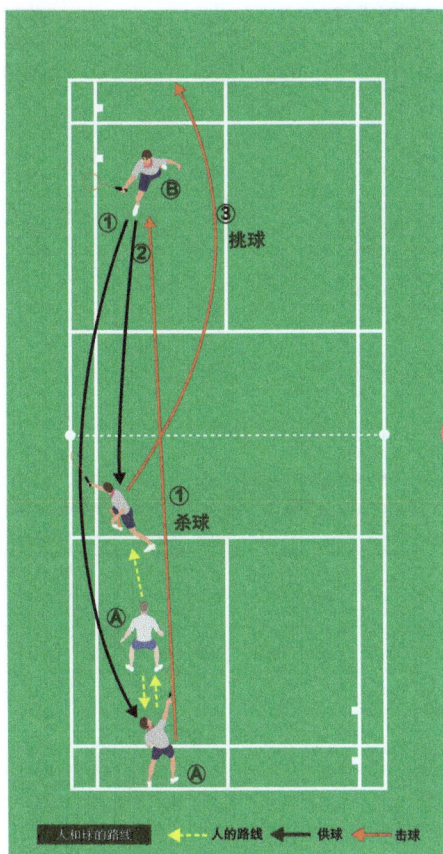

③ 挑球

① 杀球

① ② ③ B

A A A

④ B

回网前球

A

| 人和球的路线 | - - → 人的路线 | ← 供球 | ← 击球 |

A杀球后要快速上网，这点很重要。

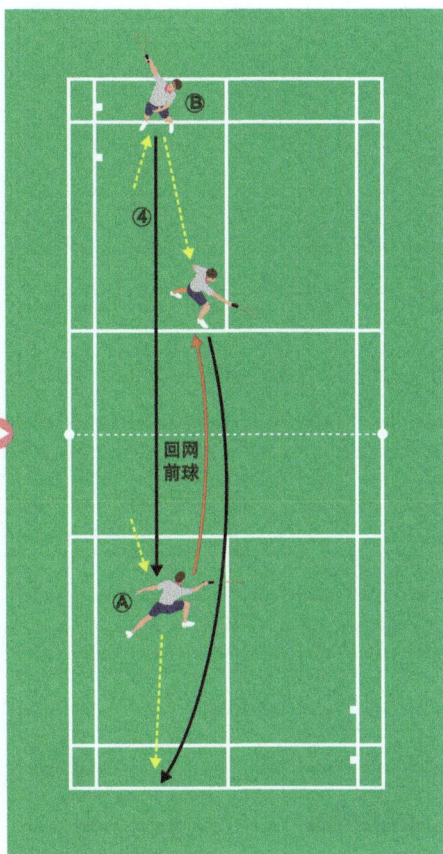

A挑球后摆好接球的姿势，接B的杀球，回网前球。

练习步骤

①B向后场发球。A杀球。

②B回球至网前。

③A杀球后快速上网，挑高球。

④B杀球，A接杀球，回网前球。

接下来，攻守交换，重复步骤①~④。

教练笔记

如果能打快杀，那么对方回球的球速也会很快。为了对方回球至网前的时候能够挑好高球，要借助杀球后的惯性快速上网，重心稳定后再击球。

基本技术

杀球

高远球·吊球

网前球

接发球

平抽球

发球

单打的战术训练

双打的战术训练

多球训练

体能训练

单打的战术训练

等级 ★★★

时间 5～10分钟

次数 —

练习
115

网前短球

目标 正确回球至网前，击球后迅速摆好
接下一个球的准备姿势。

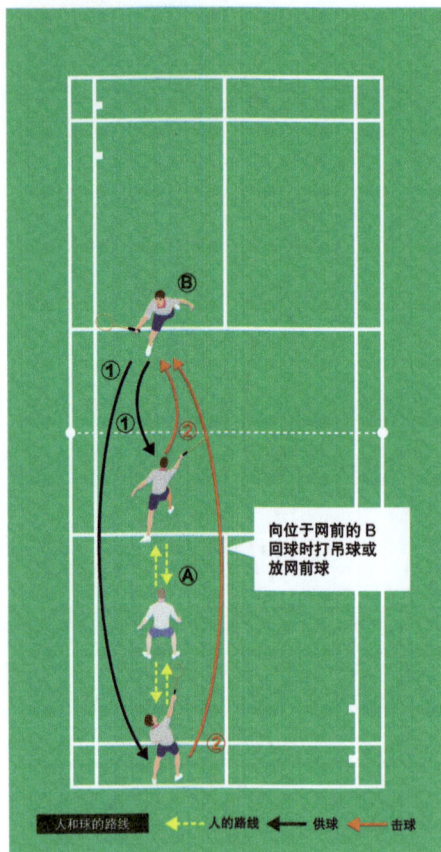

向位于网前的 B
回球时打吊球或
放网前球

人和球的路线　◄--- 人的路线　◄── 供球　◄── 击球

A击球后一定要返回中心位置，
跑动时要对 B 的回球路线进行预判。

B 如果挑高球，A 就吊球。

B 如果放网前球，A 回球时就也放网前球。

练习步骤

①利用半场进行练习。B位于网前，挑球或放网前球
　调动A前后移动。

②A回球时都打向位于网前的B。B挑球则回吊球，B
　放网前球则回球时也放网前球。

教练
笔记
迄今为止的练习，击球的顺序和路
线都是规定好的。但是在网前短
球的训练中，对方回球时会随机打
挑球或放网前球。注意击球后要迅速回到中心
位置，如果启动慢了也不要慌，可以单脚蹬地
提高移动速度。

练习 116 长球 + 杀球

等级 ★★★★

时间 10～15分钟
次数 —

目标 接近于实战的跑动，练习用正确的姿势击球。可以自如地前后左右移动。

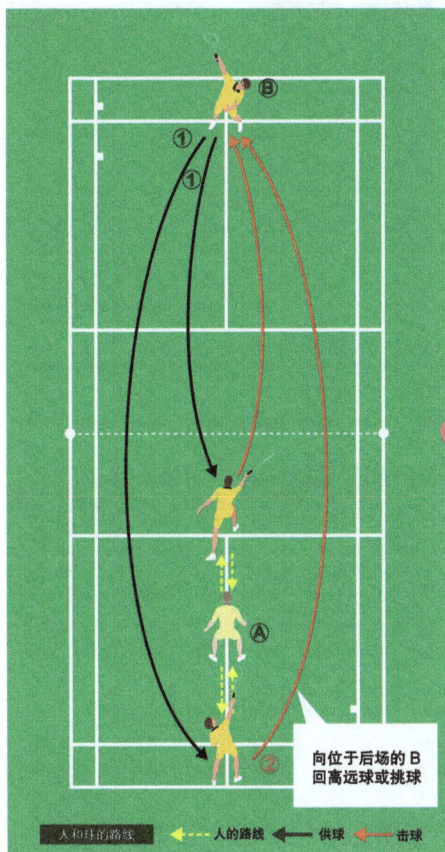

向位于后场的B回高远球或挑球

人和球的路线　人的路线　供球　击球

B给球时要充分调动A。
A回球时打后场高远球或挑后场高球。

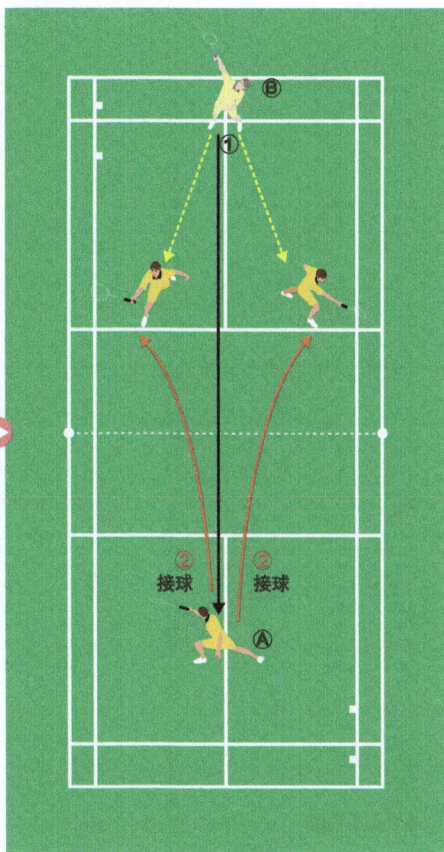

B中间也杀球，停止对A的调动。
A接杀球回球至网前。

练习步骤

①利用全场进行练习。B主要打高远球和吊球，时而扣杀。

②A向位于后场的B回球时打高远球或挑球。接杀球时回球至网前，调动B。

教练笔记

通常接长球时，采用高远球或者挑球打法就可以了。这里因为加入了杀球，所以还需要横向左右移动。

由于处于前后左右移动的状态下，姿势容易走形，因此要跑动起来，保证回球的稳定性。

基本技术

杀球

高远球·吊球

网前球

接发球

平抽球

发球

单打的战术训练

双打的战术训练

多球训练

体能训练

单打的战术训练

练习 117 网前短球 + 杀球

目标 限定回球只能回短球，掌握快速步法移动的方法。

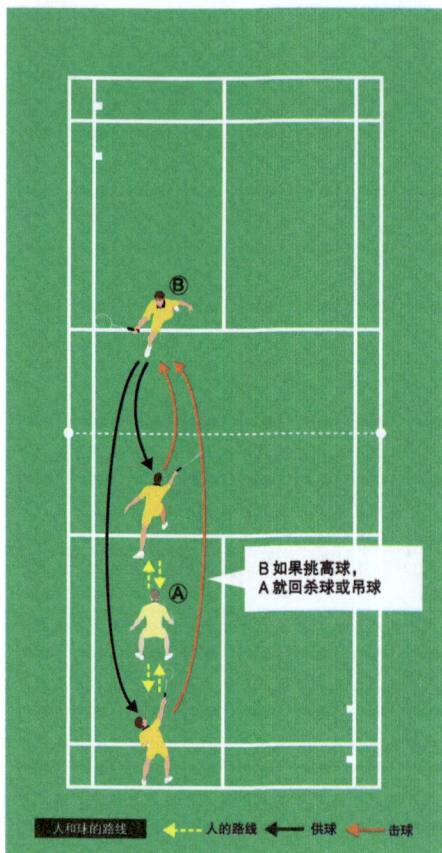

B 如果挑高球，
A 就回杀球或吊球

人和球的路线　⬅- 人的路线　⬅— 供球　⬅— 击球

A 从中心位置启动，如果对方挑高球，则回杀球或吊球。

杀球和吊球的步法移动和准备姿势都保持相同。

杀球时的力量控制在 5 成左右。

练习步骤

①A和B进行网前短球（第166页）的对打。A回球时全部打向位于网前的B。

②B如果挑高球，A不仅可以回吊球，还可以适当杀球进攻。

教练笔记 如果只打吊球，步法移动很容易会慢下来。打网前短球时如果适当杀球，那么自然而然地就会有快速移动的意识，从而掌握更接近于实战的步法移动的方法。

练习 118 反手打法练习

时间 5~10分钟
次数 —

目标 提高反手打法的准确度。
击球时蹬地是关键。

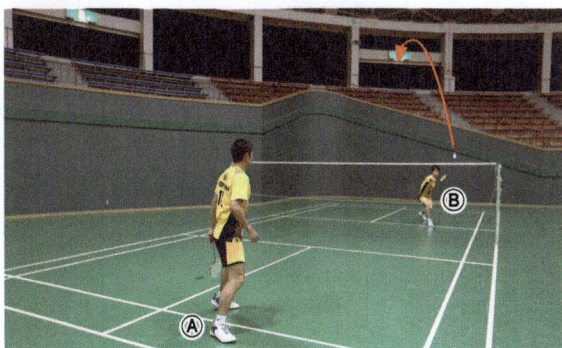

■ B 挑后场高球或打后场高远球。

■ A 移动至落球点，击球时脚要蹬地。

■ 在高点击球，打吊球或高远球。

练习步骤

①B挑后场高球或打后场高远球。
②A移动至后场反手回高远球或吊球。
③B回球时打高远球或挑高球。

教练笔记 如果是中小学生选手的话，就要限定只能打高远球或吊球，并且开始的时候只打直线球。移动至落球地点，击球时脚要蹬地。为了不被对方察觉自己的击球路线，要蹬地转身并交换重心脚。

基本技术

杀球

高远球·吊球

网前球

接发球

平抽球

发球

单打的战术训练

双打的战术训练

多球训练

体能训练

基本技术

杀球

高远球·吊球

网前球

接发球

平抽球

发球

单打的战术训练

双打的战术训练

多球训练

体能训练

单打的战术训练

等级 ★★★★

练习 119 接发球的2对1练习

时间 10~15分钟

次数 —

目标 削弱2人（前场队员和后场队员）的进攻，强化接发球能力。

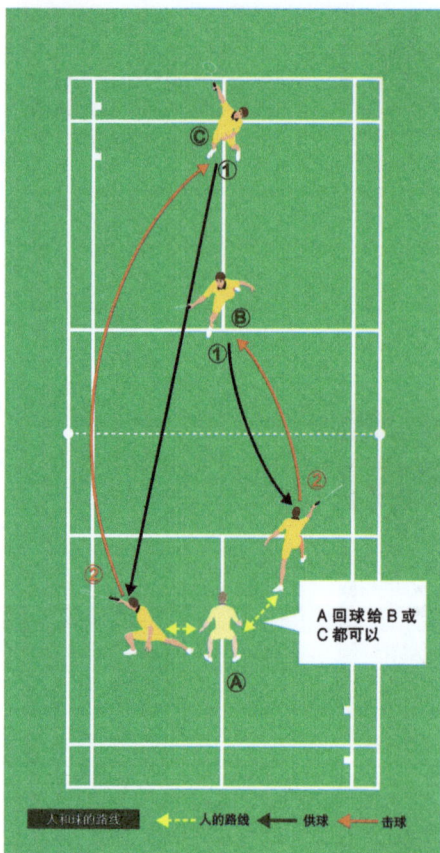

C ① B ① ② ②

A 回球给 B 或 C 都可以

A

人和球的路线　←·←人的路线　←——供球　←——击球

A 移动击球时要防止压腕。

如果对方的球没有威胁，A 可以回平抽球。

进攻一方的 B、C 要注意击球线路，避免失误。适应了之后，进攻方和防守方都可以尝试打对角线。

练习步骤

①A作为防守方，B和C作为进攻方，前后站位。B和C利用杀球或吊球来调动A。

②A接发球时回球至对方后场或网前。如果对方的球没有威胁，也可以回平抽球。

教练笔记

A要注意接发球的高度和路线。如果全部回球至后场队员（C）的话，练习就变得单调了。因此也可以回球至网前，迫使对方前场队员放网前球，使对打多一些变化。

基本技术

杀球

高远球·吊球

网前球

接发球

平抽球

发球

单打的战术训练

双打的战术训练

多球训练

体能训练

单打的战术训练

练习
120
接发球的1对4练习

等级 ★★★★

时间 约5分钟

次数 —

目标 1对4的接发球练习。
对方进攻时，能够正确接球，不失误。

▌B到E四个人轮流向A杀球。

▌A击球后迅速做好接下一个球的准备，注意避免失误。

练习步骤

①A发出高球，B回杀球。

②A回球至网前。

③B放网前球时，C做准备。

④A挑高球回B的网前球。 重复步骤①~④。

教练笔记 适合于培养实战感觉的训练。A只要不失误，对打就会持续进行，觉得痛苦也是正常的，一定要坚持。

挑好后场高球固然很重要，但是首先要做到快速移动接球。

基本技术

杀球

高远球·吊球

网前球

接发球

平抽球

发球

单打的战术训练

双打的战术训练

多球训练

体能训练

单打的战术训练

练习
121

限制打网前和后场端线附近的练习

等级 ★★★★★

时间 10～20分钟

次数 —

目标 在不能使用球场的前后部分的情况下，在打法和控球上不给对方留进攻的机会。

练习步骤

进行单打练习，规定将球打到图中的阴影区域算出界。

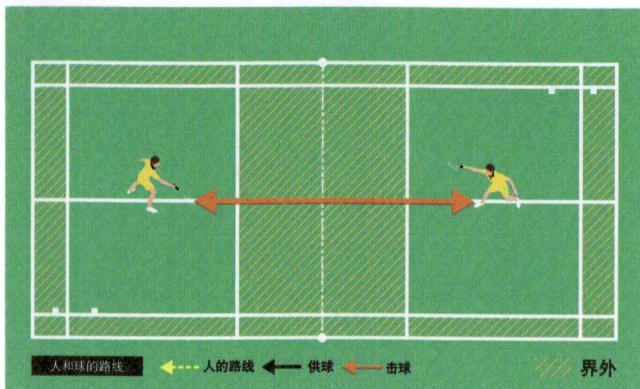

人和球的路线 ◄---- 人的路线 ◄— 供球 ◄— 击球 ////界外

■ 在不能放网前球和挑后场高球的情况下，配球时不给对方进攻机会。

教练笔记 对打时限制挑球和放网前球等打法。利用平抽球等长距离球的打法，在控球时创造进攻机会。

单打的战术训练

练习
122

限制打网前的练习

等级 ★★★★★

时间 10～20分钟

次数 —

目标 在不能使用球场前面部分的情况下，以平抽球为主，在低位球的对打中寻找进攻的突破口。

练习步骤

进行单打练习，规定将球打到图中的阴影区域算出界。

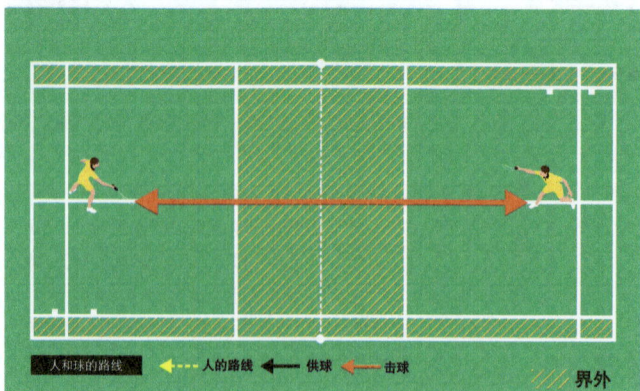

人和球的路线 ◄---- 人的路线 ◄— 供球 ◄— 击球 ////界外

■ 首先要考虑控球时不能给对方进攻机会，然后逐步展开攻势。

教练笔记 不能使用放网前小球等短球打法。可以利用前场球、半场球以及平抽球等打法来限制对方进攻。

练习 123 限制杀球的练习

等级 ★★★★

⏰ **时间** 10～20分钟

🏸 **次数** —

目标 在不能杀球的情况下，瞄准对方场区四角，创造有利局面。

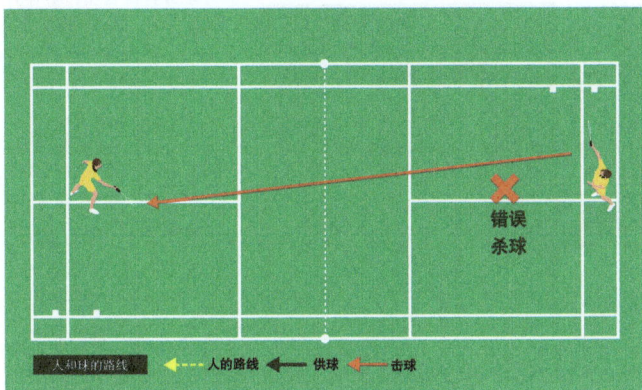

练习步骤

进行单打练习，规定不能杀球。

错误
杀球

人和球的路线 ◄- - 人的路线 ◄— 供球 ◄— 击球

■ 不能顺应对方的节奏，要靠自己去积极地创造有利局面。

教练笔记 一旦限制杀球，对打的速度就会慢下来。为了使对打不过于单调，可以使用吊球以及平抽球等打法，使练习氛围有张有弛。

练习 124 限制打高远球的练习

等级 ★★★★★

⏰ **时间** 10～20分钟

🏸 **次数** —

目标 在不能打高远球的情况下对打。快速打开局面的同时也应避免失误。

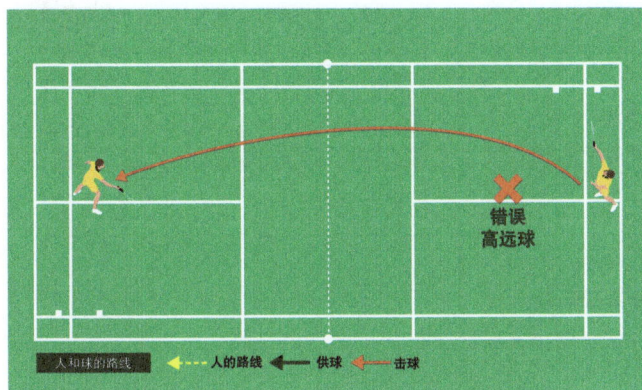

练习步骤

进行单打练习，规定双方都不能打高远球。

错误
高远球

人和球的路线 ◄- - 人的路线 ◄— 供球 ◄— 击球

■ 有效地使用平抽球和网前球打法，要思考如何通过控球掌握主动权。

教练笔记 由于限制了滞空时间较长的高远球，节奏就会快起来。要在快速的对打中，把握制造攻势的时机。

基本技术

杀球

高远球·吊球

网前球

接发球

平抽球

发球

单打的战术训练

双打的战术训练

多球训练

体能训练

基本技术

杀球

高远球·吊球

网前球

接发球

平抽球

发球

单打的战术训练

双打的战术训练

多球训练

体能训练

单打的战术训练

练习 125 限制一方进攻的练习

时间 10~20分钟

次数 —

目标 提升防守水平的同时，提升组织进攻的控球能力。

练习步骤

①利用全场进行单打练习。

②进攻方打法自由，防守方不能杀球、吊球和推球。

■ 进攻的起点是从防守开始的。要有提高接发球能力的意识。

教练笔记 防守方不能进攻会打得比较痛苦，但是要从中找到可以组织进攻的打法和控球方法。习惯了之后，可以故意给对方进攻的机会，从而增加自身防守的难度。

羽 毛 球 专 栏

专栏③ 单打要求具备综合能力

单打的魅力之处就在于两个互相"使坏"的人在一决胜负。双方在给对方球时都要考虑不能让对方得分，自然而然地在对打中专攻对方的弱点。从发球开始就会呈现这样的局面，所以观看比赛的人从开始到最后都会很尽兴。

其次，单打的速度感虽然不如双打，但是单打的多拍拉锯对攻却更有深度。体能的胜负是一个看点，预测选手将采取什么样的战术也很有意思。

站在选手的立场来讲，单打是决定第一名的比赛，夺冠后的喜悦是十分特别的。整场跑动的运动量自不必说，打对方场区四角的

控制力和杀球的力量都是决定胜负的要素。因此，对于综合能力非常强的选手而言，单打是具有独特魅力的项目。

此外，单打更适合有耐力的人，而不是擅长一招制敌的人。男子单打比赛中能够在最后的多拍对打中组织进攻并得分的人，女子单打比赛中能够通过顽强的对打破坏对方进攻并诱导对方失误的人往往能够在大赛中胜出。单打比赛中，通过双方的对攻往往也能看出选手的性格。再和选手平时的性格做对比，也是很有趣的一件事。

第9章
双打的战术训练

双打时和队友之间的配合是
非常重要的。
要通过平时的训练，
使两人在比赛时
变得更加默契。

基本概念 双打的战术

技术要领① 相互配合，"共同胜利"

技术要领② 注意视野要开阔

基本概念 要和队友建立默契

两个人共同作战的羽毛球双打是需要和队友之间相互配合的项目。提高个人的技术水平固然重要，但是单靠个人能力是无法获得比赛的胜利的。在平常的训练中，两个人就要建立起默契，要有"共同作战"的意识。

双打不同于单打，单打时只要盯住对手就可以了，而进行双打时的视野必须开阔。双打时是并排或者前后站位，在瞄准击球路线和跑动时都要考虑双方的站位。即便队友不在视线范围内，也能通过场上的形势以及身体的影子判断出队友的位置的话，可以说两个人已经建立起默契了。如果比赛中能够自然地考虑队友的位置，自己的跑动会变得顺畅，两个人的配合也会变得更好。

另外，信任队友也是提高双打比赛胜出率的重要因素。例如，假设自己在前场，接不到对方的回球。如果信任队友的话，那么就要坚信后场队员一定会去接球，前场队员只要做好接下一个球的准备就可以了。

但是，如果信不过队友的话，那么就要放弃多拍对打，因为即便后场队员能够接到球，也可能被对手抓住机会进攻得分。我认为，越是信任队友的组合，成长的速度就越快。为了提高对彼此的信任程度，两个人应该增进交流，多去了解队友的性格和想法。

此外，羽毛球双打还分进攻型站位和防守型站位。进攻时是前后站位，防守时则是平行站位。双打的攻守变化无常，一次多拍连续对攻中，多次进行攻守转换也十分普遍。因此，攻守转换时的速度要快。为了确保自己随时能够接球，要时刻做好启动的准备。

基本技术

杀球

高远球·吊球

网前球

接发球

平抽球

发球

单打

双打的战术训练

多球训练

体能训练

双打的站位

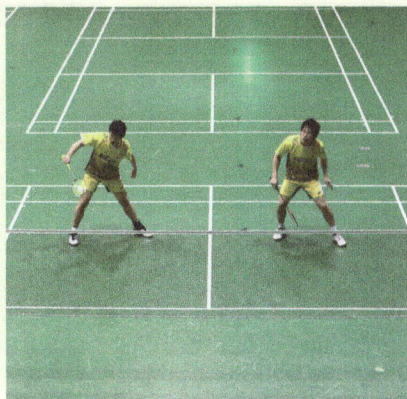

①前后站位

进攻时使用的站位。前场队员负责接网前球，后场队员在对方起后场高球时负责进攻。

②平行站位

防守时使用的站位。对方进攻时，左右分边站位进行防守。双打队员要确认好各自的防守范围。

被调动的一方和调动对手的一方应有的意识

①训练时要动脑

　　双打的击球速度很快，必须在几秒的时间内决定击球的路线。双打不仅要看对方的跑位，也要考虑队友的站位，因此运动量比单打相对小一些，但却是一项很费脑筋的项目。

　　此外，双打选手必须具备对战术的理解能力。跑位的过程中，就要思考自己的职责是什么，队友这么打的意图是什么，要知道自己下一步应该怎么打。因此，在平常的训练中，就要练习先思考再击球。通过同一个战术配合的反复练习，以及多和队友共同协商研究等可以提高战术训练的精确度，同时也能使双方的战术思想统一起来。

②基础比速度更重要

　　双打由于交织着平抽球和杀球等快球打法，因此节奏更快。可能会有人想要在日常训练中加入一些速度方面的训练内容，但是这样做也未必合适。羽毛球的根本是用正确的姿势准确地击球。如果能够掌握回球到对方后场，正确地打对方网前等基本动作的话，不专门进行提高速度的训练也无妨。

　　单打时，主要安排巩固击球动作和强化步法移动等进攻型的训练内容。双打时，接发球的训练会多起来，但是我也希望大家能够重视控制攻防转换节奏方面的训练。同时，在训练中要保持较强的防守意识。

基本技术

杀球

高远球·吊球

网前球

接发球

平抽球

发球

单打的战术训练

双打的战术训练

多球训练

体能训练

双打的战术训练

练习 126 推球和推球的接发球

时间 5～10分钟

次数 —

目标 假设自己是前场队员，左右两侧移动推球。掌握左右两侧接发球的正确打法。

双方要注意球的速度和对球的控制，尽量避免失误。

练习步骤

①A左右两侧移动推球。

②B接发球时打左右两侧，充分调动A。

教练笔记 B接发球时要分别打左右两侧。A注意要在身体正前方推球，并且脚下要充分移动。

双打的战术训练

练习 127 推球和推球的接发球（接第3个球时打对角线球）

时间 5～10分钟

次数 —

目标 假设自己是后场队员，掌握接对方强攻时打对角线球的技术。

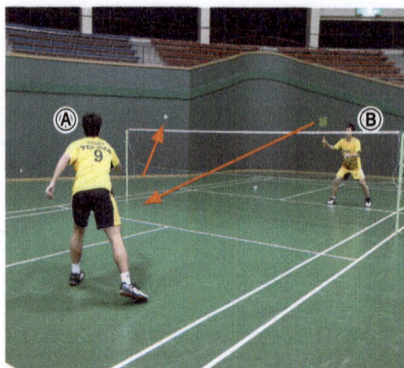

A接B的第3个推球时打对角线球。

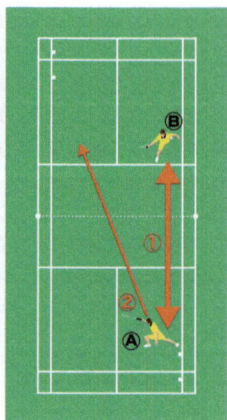

练习步骤

①B推球，A接推球。

②A接第3个球时打对角线球。

教练笔记 假设对方推球进攻，练习在接第3个球时打对角线球。回球的距离稍微远一点也不要紧。

等级	★ ★ ★ ★

🕐 **时间** 5～10分钟

📋 **次数** —

练习 128

平抽短球的对打练习

目标 双方选择距离较近的站位，进行平抽短球的对打，注意击球位置要在身体的前方。

在习惯打法之前，回球时球拍不要挥到底，球触到拍面即可。

练习步骤

①利用半面球场进行1对1的对打练习。

②双方分别位于前发球线附近，进行平抽球的对打。

📋 **教练笔记** 这是将架拍准备和击球时机相结合的训练。开始的时候，可以放慢对打的速度，但是注意不要向下挥拍。

等级	★ ★ ★ ★ ★

🕐 **时间** 5～10分钟

📋 **次数** —

练习 129

平抽球的对打练习

目标 为了能够进行平抽球的多拍连续对打，回球时要考虑球的线路和速度。

为了击球后脚不变得僵硬，注意要摆好准备动作。

练习步骤

双方位于中心位置附近，进行平抽球的对打。

📋 **教练笔记** 虽然是利用全场进行训练，但是也没有必要要打对方边线。首先要考虑回球的路线，以确保平抽球的多拍对打能够持续。

基本技术

杀球

高远球·吊球

网前球

接发球

平抽球

发球

单打

双打的战术训练

多球训练

体能训练

基本技术

杀球

高远球·吊球

网前球

接发球

平抽球

发球

单打的战术训练

双打的战术训练

多球训练

体能训练

双打的战术训练

练习 130

杀球和平抽球的对打练习

时间 5~10分钟

次数 —

目标 杀球时身体姿势容易变形，提高杀球后的应变能力和回球的准确度。

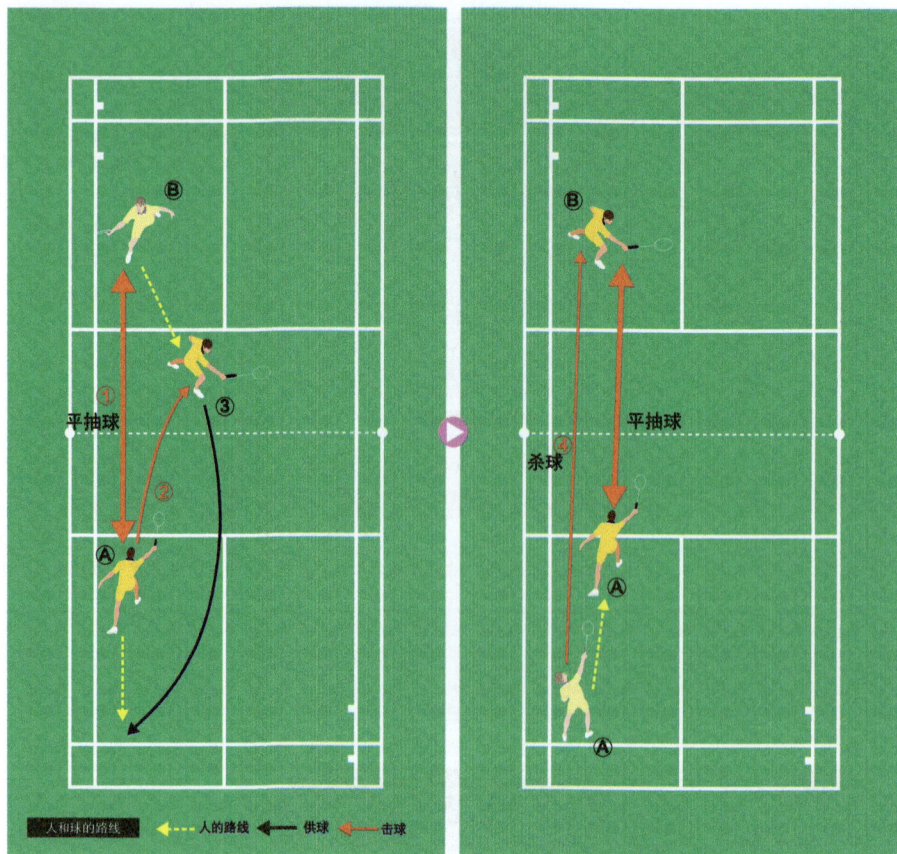

平抽球

① 平抽球 ② ③

Ⓐ

Ⓑ

平抽球

杀球

Ⓐ

Ⓐ

Ⓑ

人和球的路线 ◄---- 人的路线 ◄━━ 供球 ◄━━ 击球

练习步骤

①A和B进行平抽球的多拍对打。

②平抽球对打若干回合之后，A打对方网前。

③B挑高球。

④A回杀球后，返回①重新开始。

教练笔记 由于杀球后身体姿势容易变形，很容易造成回对方的平抽球时发力不集中，效果差。为了能够打好平抽球，杀球后要迅速向上举起球拍做准备。

吊球→杀球→平抽球对打

等级 ★★★★

时间 5～10分钟

次数 —

目标 掌握利用吊球有效地破坏对方的启动，进而为自己创造杀球机会的战术。

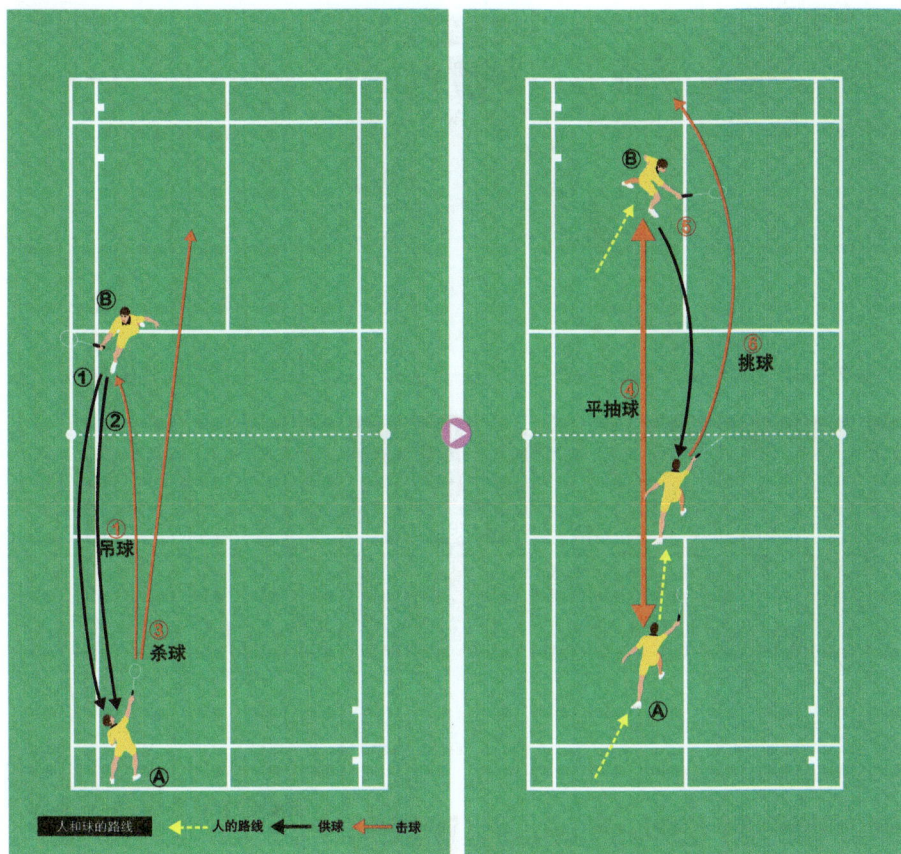

① 吊球
②
③ 杀球
B
A

平抽球
挑球
B
A

人和球的路线 ◀---- 人的路线 ◀—— 供球 ◀—— 击球

基本技术

杀球

高远球·吊球

网前球

接发球

平抽球

发球

单打

双打的战术训练

多球训练

体能训练

练习步骤

①B挑高球后，A回吊球。

②B挑高球。

③A杀球。

④B接球时回平抽球。A和B进行平抽球的多拍对打。

⑤B放网前球。

⑥A挑高球后进行攻防转换，返回①重新开始。

教练笔记

此项练习要求吊球的质量要高。如果击球距离过长，对方有时间调整好姿势接发球，那么杀球的威力就会大大地降低。因为吊球的质量决定了是能够破坏对方的启动，还是给对方创造了有利的机会，因此，一定要使吊球的落点更靠近网前。

练习 **132** 后场任意球

时间 5～10分钟

次数 25～30拍×3～5组

目标 固定接球人的位置，培养按照瞄准的路线正确击球的技术。

B如果挑高球，A则移动至落球位置杀球。

A打平抽球时也应注意不要失误。

B观察A的位置，选择打平抽球或者挑高球。

练习步骤

①A使用全场。B位于左右两侧或者场区中央这三个位置中的任意一处，利用平抽球和挑球调动A。

②A根据场上情况，利用各种打法向B所在的位置回球。

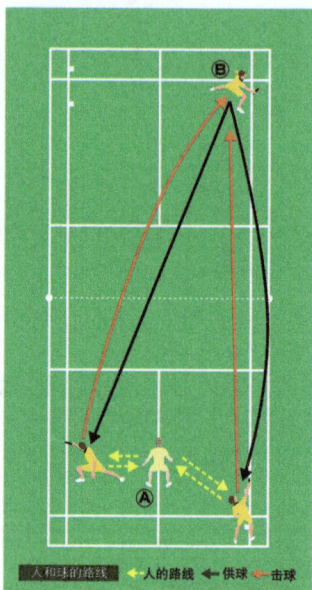

人和球的路线　→人的路线　←供球　←击球

教练笔记 由于A是使用全场，一旦移动缓慢的话击球姿势就会变形，从而很难持续多拍对打。击球后，要有迅速准备好接下一个球的意识。同时，B的位置也可以在左右两侧和场区中央之间进行调整，这样可以找出相对薄弱的击球路线。

基本技术

杀球

高远球·吊球

网前球

接发球

平抽球

发球

单打的战术训练

双打的战术训练

多球训练

体能训练

练习
133

多拍对打的2对1练习

	等级	★★★★★
🕐 时间	5~10分钟	
次数	25~30拍	

目标 练习不同的杀球路线的打法。

B、C回高球，让A回杀球或高远球。

A身体移动到位后，向B或C回杀球。

如果杀球的姿势没有调整好，那么就打高远球。

练习步骤

①使用全场。防守方的B、C采用并排站位。

②A向B或C回杀球或者高远球。

③B、C可以通过接发球打对角线球来调动A。

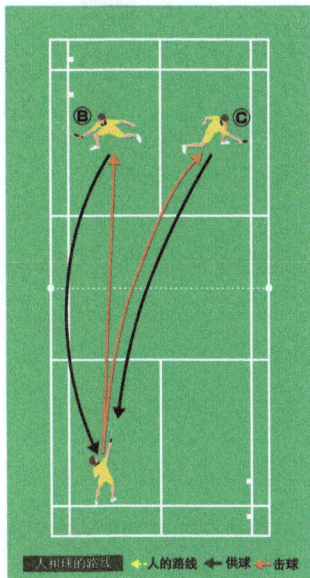

人和球的路线 ← 人的路线 ← 供球 ← 击球

教练笔记 A杀球后，要马上调整姿势做好接球准备。对方也可能回对角线球，所以左右两侧的移动会比较多，但是仍然要有击球后返回中心位置的意识。移动时，要充分考虑下一步的行动。

基本技术

杀球

高远球·吊球

网前球

接发球

平抽球

发球

单打

双打的战术训练

多球训练

体能训练

基本技术

杀球

高远球·吊球

网前球

接发球

平抽球

发球

单打的战术训练

双打的战术训练

多球训练

体能训练

双打的战术训练

推球和接发球的2对1练习①（2人推球）

等级 ★★★★★

时间 5～10分钟

次数 —

目标

提高接发球时回球的落点的准确度。
掌握接发球打对角线的感觉。

练习步骤

①A可以站在左右两侧，或者
自己半场中央的任意位置。
B和C作为前场队员站在网
前。

②B推球，A接发球回球给B。

③3个回合之后回球给C，重
复步骤②。

④变换位置，重复步骤②～③。

▌B和C的推球，A各接3个。

教练笔记 如果选手接
发球时只能
打直线球，
那么比赛时是无法应对对
方的连续推球的。要选择
合适的时机回对角线球。

双打的战术训练

推球和接发球的2对1练习②（1人推球）

等级 ★★★★★

时间 5～10分钟

次数 —

目标

发球时分别打直线和对角线，
培养选手向左右两侧移动的意识。

练习步骤

①前场队员A位于网前，接发
B和C的球时全部回推球。

②B和C发球时打对角线球，
调动A向左右两侧移动。

▌B和C发球时要注意打对角线，尽可能调动A向左右两侧移动。

教练笔记 强化A向左
右两侧移动
的意识。注
意身体一定要朝向击球
方向，击球时球拍不能
低于球网。

基本技术

杀球

高远球·吊球

网前球

接发球

平抽球

发球

单打

双打的战术训练

多球训练

体能训练

双打的战术训练

练习 136

推球和接发球的2对1练习③（1人推对角线球）

目标 练习对方将球打到边线时也用推球回球。
接发球一方练习对方推对角线球时，
自己回球推直线。

等级 ★★★★★

时间 5～10分钟

次数 —

练习步骤

①A站在球场的一侧，向C推3次球。

②C回的第3个球，A接球时推对角线。

③B回直线球。A和B重复步骤①～②。

教练笔记 这个练习主要是训练A向边线移动推球，但是对B和C而言也是非常重要的练习。因为对方推对角线球时，自己接球想推直线球是很难的，所以B和C一定要充分地做好回球的准备。

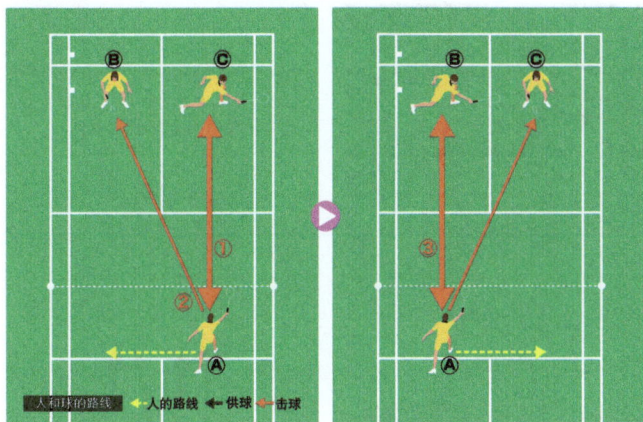

人和球的路线 ← 人的路线 ← 供球 ← 击球

双打的战术训练

练习 137

推球和接发球的2对1练习④（1人连续推球）

目标 练习前后移动连续推球。

等级 ★★★★★

时间 5～10分钟

次数 —

练习步骤

①使用全场。A站在球场的一侧，向C推3次球。

②C接第3个球时，回球至中线网前。A接球后向B回推球或者半场球。

③B回直线球。A和B重复步骤①～②。

教练笔记 推球后，打到对方网前的球对方一定会接到并打回来。因此向网前移动后，要迅速举起球拍。

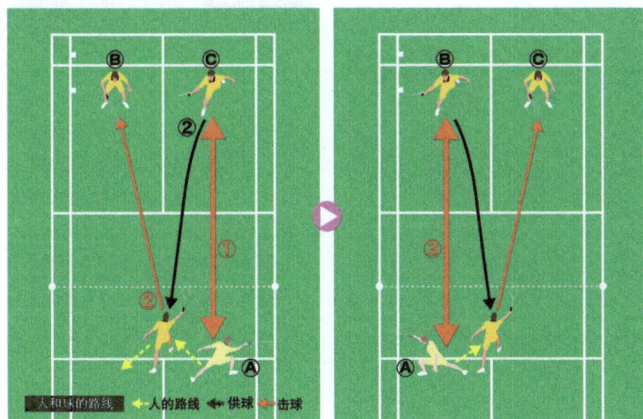

人和球的路线 ← 人的路线 ← 供球 ← 击球

基本技术

杀球

高远球·吊球

网前球

接发球

平抽球

发球

单打的战术训练

双打的战术训练

多球训练

体能训练

双打的战术训练

平抽球的2对1练习①
（1人是后场队员）

等级 ★★★★★

⏱ 时间　5～10分钟交替进行

👆 次数　—

目标　培养当前场队员够不到球时，
能用正确的平抽球技术回球的能力。

▌A 要假设有前场队员在，击球时要考虑球的路线和速度。

▌击球时一定要移动到位，击球后要迅速做好接下一个球的准备。

▌B 和 C 要利用不同的击球路线，充分调动 A 向左右两侧移动。

练习步骤

①A位于中心位置的后方，打平抽球。

②B和C为了调动A向左右两侧移动，
回平抽球时要瞄准击球路线。

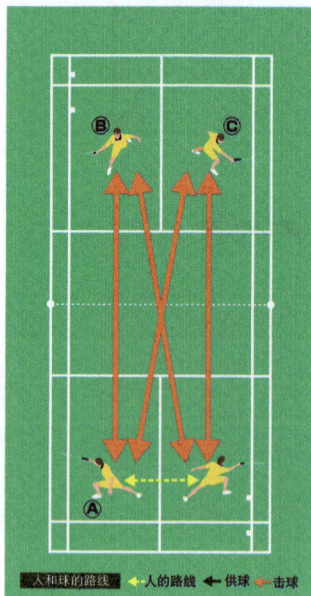

人和球的路线 ← 人的路线 ← 供球 ← 击球

教练
笔记　练习从前后站位的
进攻状态向平抽球
多拍对打的局面转
换。假设A是后场队员，前场队
员够不到B和C打过来的平抽球，
于是将球放给后场队员。此时，
后场队员要有正确并且快速回球
的意识。

练习
139

平抽球的2对1练习②
（抽对角线球的应对）

等级 ★★★★★

⏱ **时间** 5～10分钟交替进行

次数 —

| **目标** | 提高对边线球的控制能力。 |

练习步骤

①A和C进行平抽球的对打。

②C寻找时机平抽对角线球。

③A移动到另一侧边线接球，回球给B。

④B接球时平抽球打直线球。重复步骤①～③。

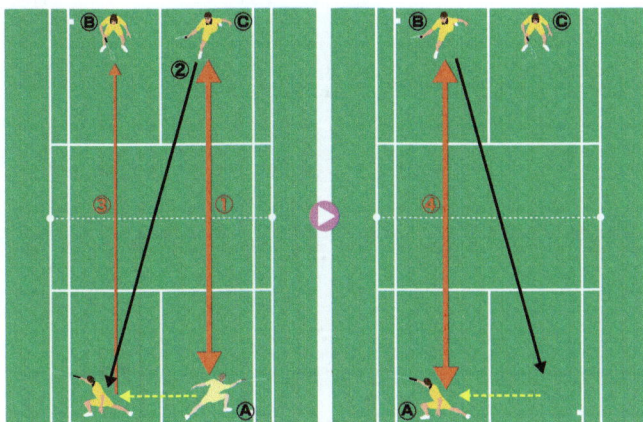

教练笔记 这个训练对于提高控球能力非常有效。对方平抽对角线球时一定要回球过网。此时，可以当成是在打"过渡球"。

练习
140

平抽球的2对1练习③
（回球至网前）

等级 ★★★★★

⏱ **时间** 5～10分钟交替进行

次数 —

| **目标** | 提高接对方平抽球后，回球时打对方网前的意识。 |

练习步骤

①A和C进行平抽球的对打。

②A寻找时机平抽对角线球打对方网前。

③B接网前球时轻挑直线球，或者回半场球。

④A向B打平抽球。重复步骤①～③。

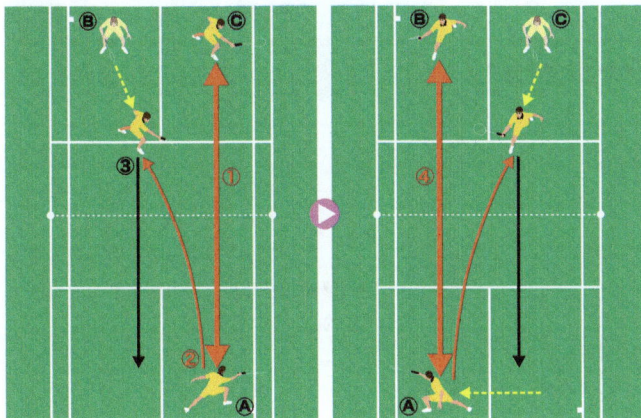

教练笔记 A想打对方网前时，一定不要被对方察觉。对方如果打挑球或者半场球，那么回球时就要打平抽球。

基本技术

杀球

高远球·吊球

网前球

接发球

平抽球·

发球

单打的战术训练

双打的战术训练

多球训练

体能训练

双打的战术训练

练习 **141**

杀球和平抽球的 2对1练习

时间 5~10分钟交替进行

次数 20次

目标 利用平抽球掌握主动权，从而展开攻势。

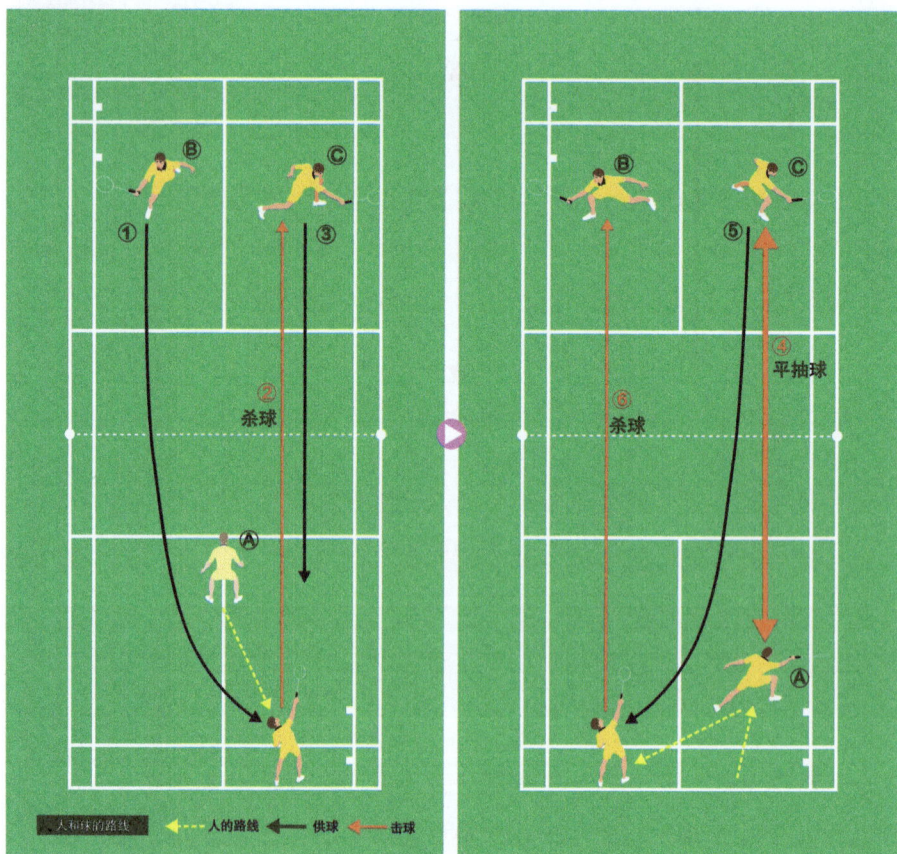

大和球的路线　人的路线　供球　击球

练习步骤

①B向对方后场发出高球。

②A从中心位置向落球点移动，向C杀球。

③C回球时平抽球打直线球。

④A也回平抽球，和C进行平抽球对打。

⑤C寻找时机向对方反手后场挑对角线球。

⑥A移动至后场，瞄准B头顶杀球。B、C职责互换，重复步骤③~⑥。

教练笔记 A在进行平抽球对打时，要有迫使B、C挑高球的意识。另外，对方一旦给高球，要迅速向落球点移动。杀球后，对方回球到网前也是可能的。

基本技术

杀球

高远球·吊球

网前球

接发球

平抽球

发球

单打

双打的战术训练

多球训练

体能训练

双打的战术训练

等级 ★ ★ ★

练习 142

接发球的2对1练习

🕐 **时间** 5～10分钟

✋ **次数** 一

目标 掌握前场队员和后场队员的移动以及击球时机，培养良好的接发球能力。

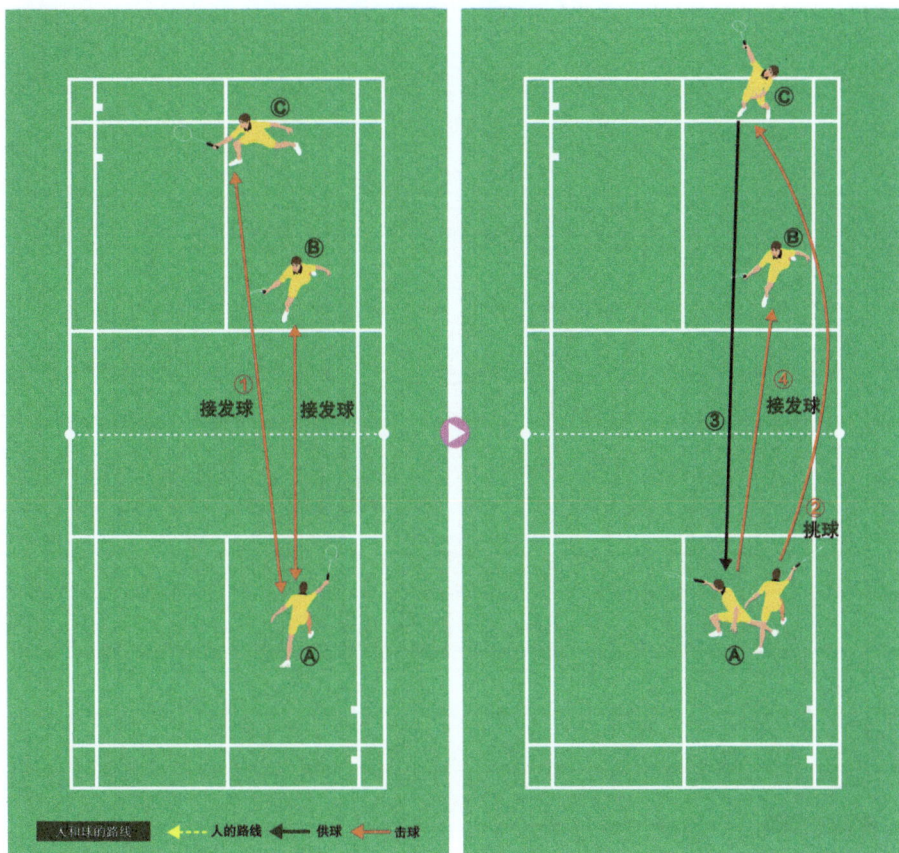

人和球的路线　⬅⋯ 人的路线　⬅ 供球　⬅ 击球

练习步骤

①使用半面球场。B和C分别是前场队员和后场队员，向A打杀球或者平抽球。A接发球。

②A每三个球向后场队员C挑一次高球。

③C接A的挑球后杀球。

④A接球后回向B。重复步骤②～③。

教练笔记 A注意要分别将球打向前场队员B和后场队员C。同时，B也要注意自己的准备姿势。前场队员准备姿势僵硬是不行的。要有节奏地小幅度摆动，击球瞬间出脚。

基本技术

杀球

高远球·吊球

网前球

接发球

平抽球

发球

单打的战术训练

双打的战术训练

多球训练

体能训练

双打的战术训练

等级 ★★★★★

练习
143

杀球和过渡球的2对1练习①

时间 5~10分钟

次数 20~30次

目标 ▶ 假设对方打前场队员和后场队员中间的空当，利用过渡球保持本方掌握进攻主动权。

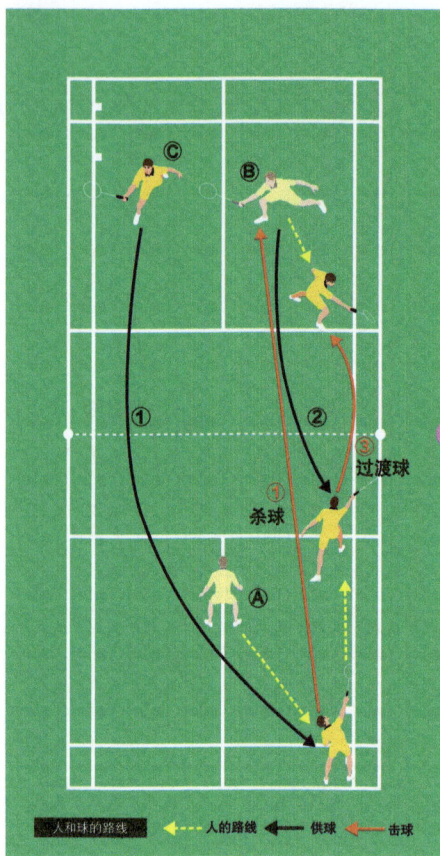

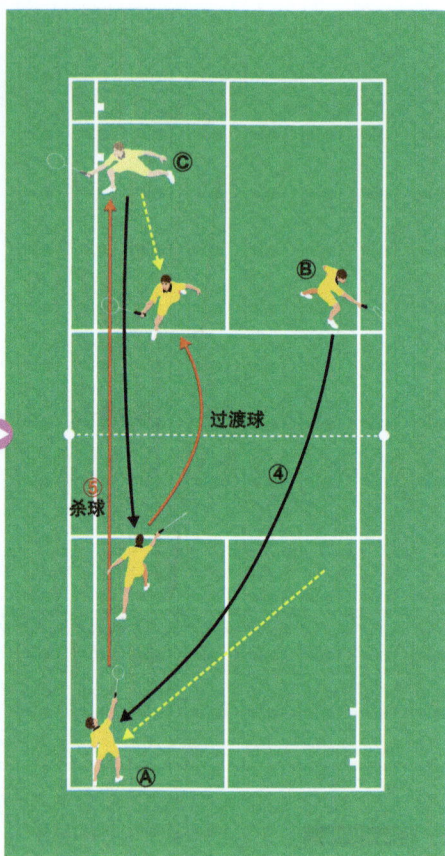

人和球的路线 —— 人的路线 ◀— — 供球 ◀—— 击球

练习步骤

①C挑高球后，A向B杀球。

②B回直线球打网前。

③A向B打过渡球。

④B挑对角线球。

⑤A向后场移动，向C杀球。B和C职责互换，重复步骤②之后的部分。

教练笔记 比赛时，对方打过来的球，即便前场队员反应慢了，后场队员A也要毫不慌张地应对。一旦挑高球，就会发生攻防转换，因此要回过渡球至网前，保持本方掌握进攻的主动权。

基本技术

杀球

高远球·吊球

网前球

接发球

平抽球

发球

单打

双打的战术训练

多球训练

体能训练

练习 **144**

杀球和过渡球的2对1练习②

等级 ★★★★★

⏱ 时间 5~10分钟

🔄 次数 20~30次

目标 利用过渡球处理前场队员没能做出反应的网前球。

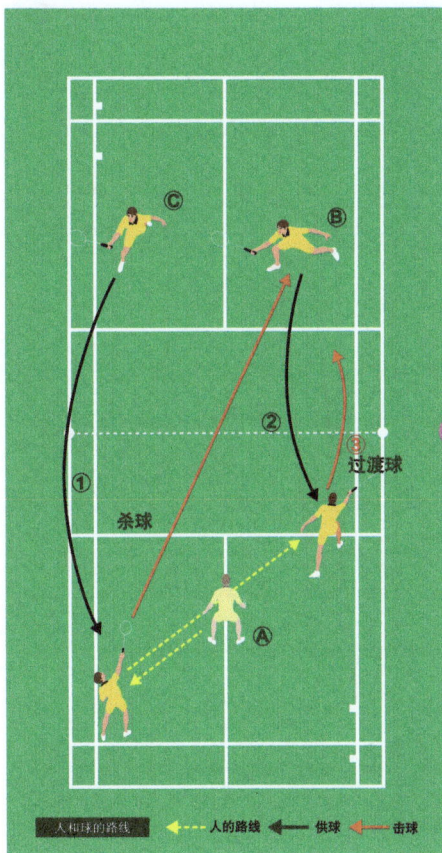

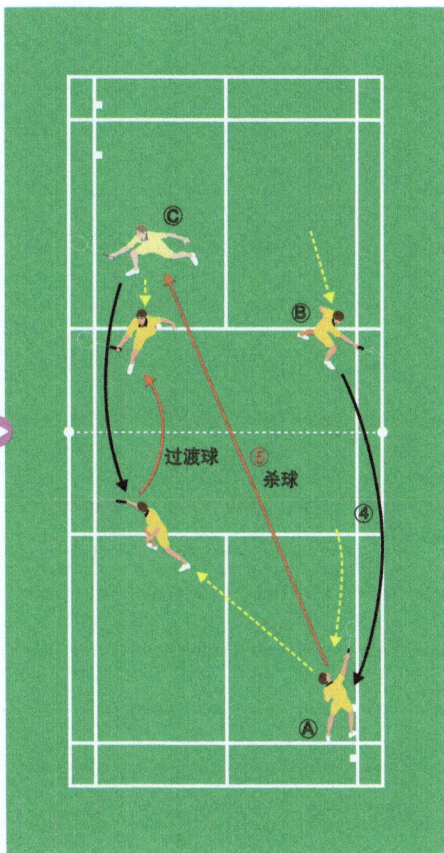

人和球的路线　　- - → 人的路线　　← 供球　　← 击球

练习步骤

①C挑高球时，A接球后向B杀对角线。

②B回网前直线球。

③A沿对角线方向移动，向B打过渡球（放网前球）。

④B挑直线球。

⑤A退至后场向C杀对角线。B和C职责互换，重复步骤②之后的部分。

教练笔记 A杀对角线球后，对方将球打到距离A杀球位置较远的网前。如果这时能够快速反应的话，那么展开下一次进攻就会较容易。因此，杀对角线球后要注意快速启动。

191

基本技术

杀球

高远球·吊球

网前球

接发球

平抽球

发球

单打的战术训练

双打的战术训练

多球训练

体能训练

双打的战术训练

练习 145

杀球→平抽球→过渡球的2对1练习①

等级 ★★★★★

时间 5~10分钟

次数 20次

目标 假设本方处于被动局面，要在准确判断场上的情况后，利用过渡球保持本方掌握进攻主动权。

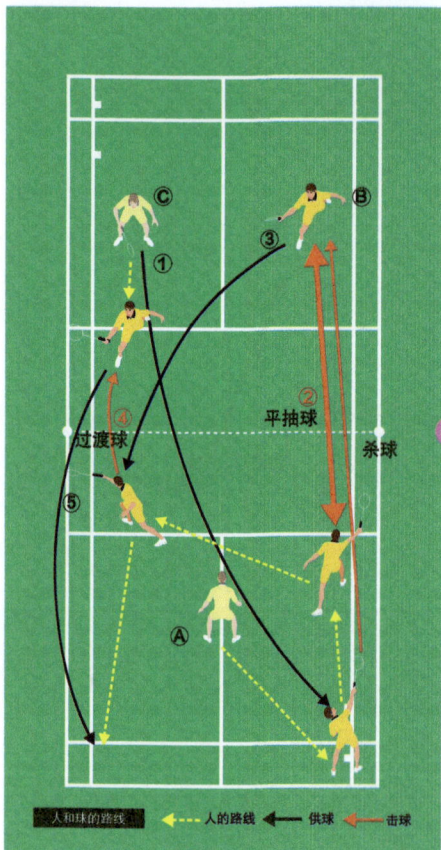

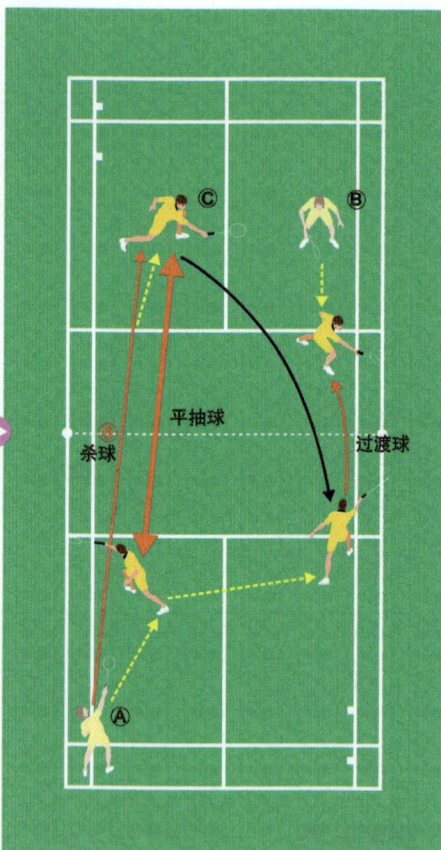

平抽球　杀球　过渡球　过渡球　⑤　④

人和球的路线　人的路线　供球　击球

练习步骤

①C挑高球时，A接球后向B杀球。

②B回球时平抽球打直线，A也回平抽球。

③B平抽球打对角线球。

④A向C回过渡球。

⑤C挑高球。

⑥A退至后场向C杀球。B和C职责互换，重复步骤②之后的部分。

教练笔记 在平抽球的多拍对打中，如果陷入被动局面，可以接对方的平抽球时利用过渡球打对方网前，迫使对方挑高球。打过渡球时不要被对方察觉，要向上举起球拍并保持姿势稳定。

基本技术

杀球

高远球·吊球

网前球

接发球

平抽球

发球

单打

双打的战术训练

多球训练

体能训练

练习
146

杀球→平抽球→过渡球的2对1练习②

等级 ★★★★★

⏱ 时间 5~10分钟

次数 20次

目标　假设对方的平抽球球速特别快，利用过渡球保持本方掌握进攻主动权。

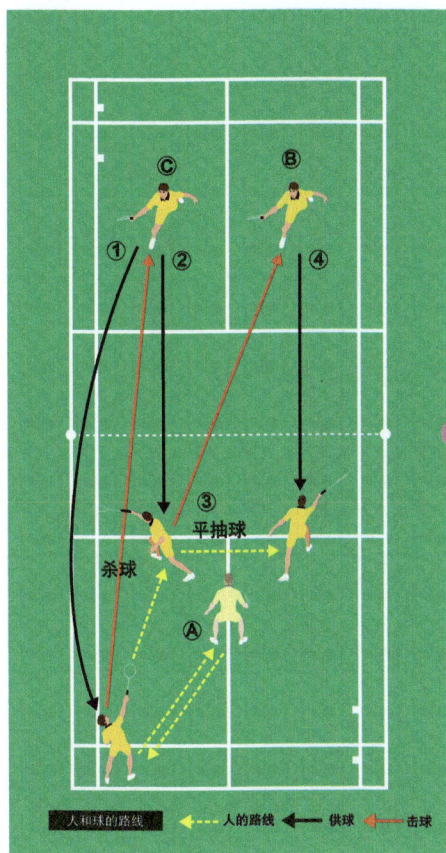

C

B

①

②

④

③

平抽球

杀球

Ⓐ

人和球的路线　◀---- 人的路线　◀━━ 供球　◀━ 击球

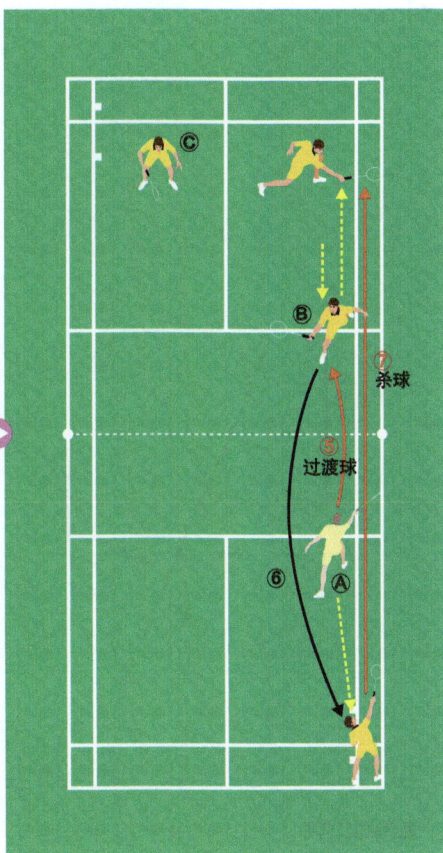

C

B

⑦杀球

⑤
过渡球

⑥ Ⓐ

▶

练习步骤

①C挑高球时，A接球后向C杀球。

②C回平抽球。

③A向B平抽对角线球。

④B平抽球打直线。

⑤A向B打过渡球。

⑥B挑高球。

⑦A退至后场向B杀球。B和C职责互换，重复步骤②之后的部分。

📋 **教练笔记**　平抽对角线球后，假设B回的平抽球速度特别快。这时一定注意要有一个良好的过渡。通过本项练习，至少要能够继续保持己方的有利局面，避免失误、沉着应对是关键。

基本技术

杀球

高远球·吊球

网前球

接发球

平抽球·

发球

单打的战术训练

双打的战术训练

多球训练

体能训练

双打的战术训练

练习 **147**

杀球→平抽球→过渡球的2对1练习③

等级 ★★★★★★

⏱ 时间 5~10分钟

👟 次数 20次

目标 杀对角线球后，接好对方回的平抽球，利用过渡球保持本方掌握进攻主动权。

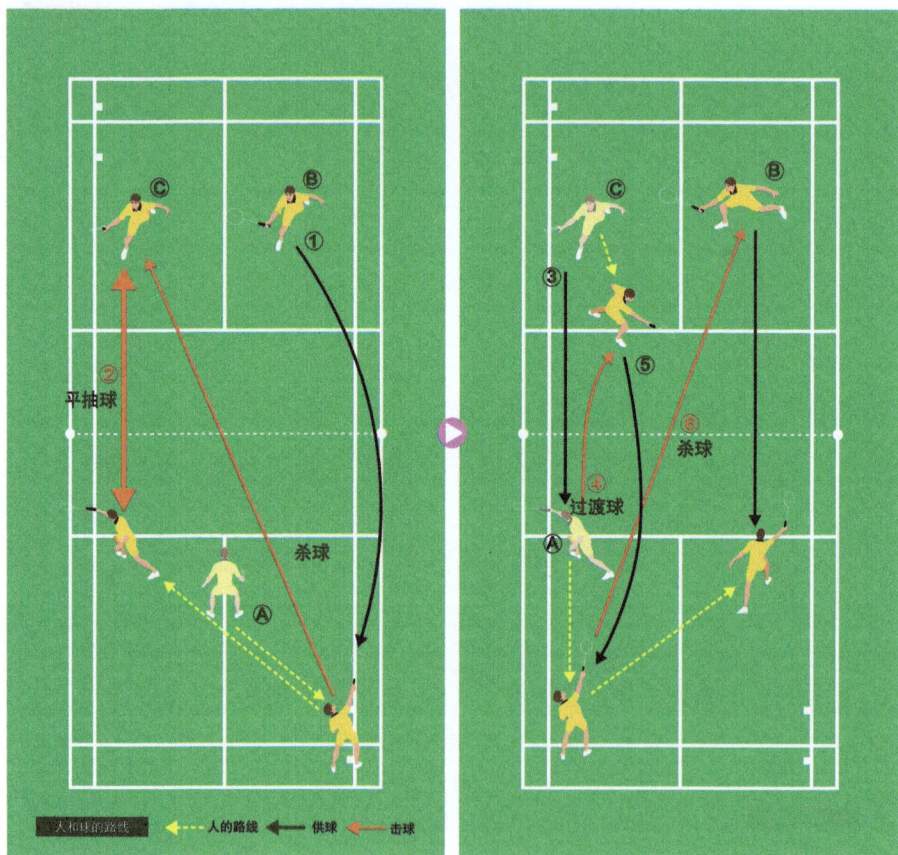

大和球的路线　　◀---- 人的路线　　◀— 供球　　◀— 击球

练习步骤

①B挑高球时，A接球后向C杀对角线球。

②C回平抽球打直线球。A接球后也向C回平抽球。

③C再次回平抽球。

④A向C网前打过渡球。

⑤C挑高球。

⑥A退至后场向B杀球。B和C职责互换，重复步骤②之后的部分。

教练笔记 为了杀对角线球后，能够接好对方回的平抽球，注意启动的速度要快。如果能够接好这种平抽球，那么对方接下来打过渡球和杀球时，也就能充分应对了。

练习
148

杀球→平抽球→过渡球的2对1练习④

等级 ★★★★★

时间 5~10分钟

次数 20次

目标 利用过渡球打对角线球，保持本方掌握进攻主动权。

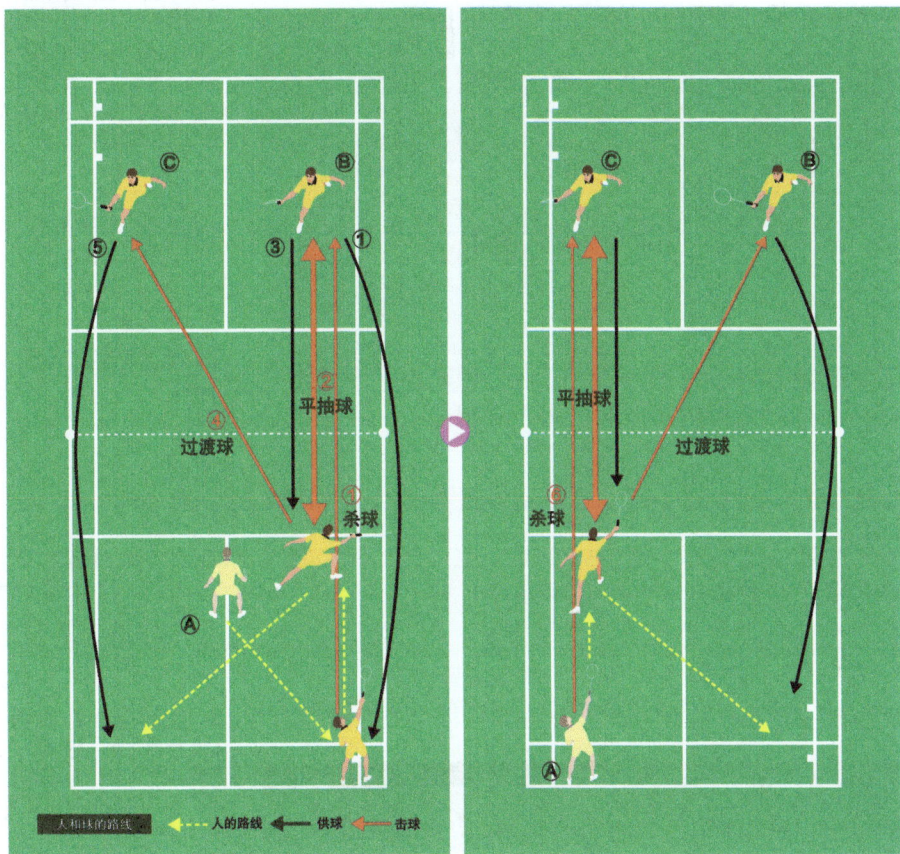

| 大相球的路线 | 人的路线 | 供球 | 击球 |

基本技术

杀球

高远球·吊球

网前球

接发球

平抽球

发球

单打

双打的战术训练

多球训练

体能训练

练习步骤

①B挑高球时，A接球向B杀球。

②B回平抽球打直线球。A也回平抽球。

③B再次平抽直线球。

④A向位于对角线处的C打过渡球。

⑤C挑直线球。

⑥A退至后场向C杀球。B和C职责互换，重复步骤②之后的部分。

教练笔记 过渡球打对角线球，可以使平抽球的快速展开告一段落，并为再次展开进攻创造机会。在本项练习中，对方是回挑球，但是在实际比赛的时候，对方也有可能回网前球，因此要注意做好前后移动的准备。

基本技术

杀球

高远球·吊球

网前球

接发球

平抽球

发球

单打的战术训练

双打的战术训练

多球训练

体能训练

双打的战术训练

练习
149

网前短球2对1练习

目标 练习向瞄准的位置杀半场球或吊球的正确打法。
提高向边线移动的能力和对边线球的控制能力。

时间　5～10分钟

次数　—

练习步骤

①A采用各种网前短球(第
166页)的打法，回球给位
于网前的B和C。

②B和C回球主要以放网前球
和挑球为主。

③对方如果挑高球，A回球时
则杀半场球或吊球。

■ 位于网前的 B 和 C 要观察 A 的姿势来调整击球的速度。

教练笔记 杀半场球或吊球后，对方的回球速度一定很快。击球后，要迅速做好接下一个球的准备。

双打的战术训练

练习
150

接发球的3对1练习

目标 掌握接发球打对方网前和挑球的时机。
利用3个方向而来的进攻，提高自己的接发球能力。

时间　5～10分钟

次数　—

练习步骤

①A位于左右两侧或中间3个
位置中的任意一处，B、C、
D进攻时负责接发球。回球
时主要打对方后场，也要
选择时机打对方网前。

②后场队员B和C打杀球或吊
球，前场队员D推球或放网
前球。

■ 后场队员 B 和 C 打杀球或吊球，前场队员 D 推球或放网前球。

教练笔记 A为了不让对方杀球直接得分，一定要做好接发球的准备。进攻的一方也要创造机会，诱导对方接发球打高远球。

基本技术

杀球

高远球·吊球

网前球

接发球

平抽球

发球

单打

双打的战术训练

多球训练

体能训练

练习 151

推球和接发球的 3对1练习

等级	★ ★ ★ ★ ★

⏱ 时间	5～10分钟
🏸 次数	—

目标 思考回球路线时要对对方的移动进行预判。利用3个方向而来的进攻，提高自己的接发球能力。

练习步骤

①A位于左右两侧或中间3个位置中的任意一处，B、C、D进攻时负责接发球。主要回球至对方网前，如果对方放网前球，则接球时挑高球。

②B和C是前场队员，主要推球或放网前球。D是后场队员，主要杀球。

> **教练笔记** A并不是单纯地接发球，而是要观察前场队员B、C的跑动后回球至网前。跑动时对放网前球进行预判是非常重要的。

▌B和C是前场队员，主要推球和放网前球。D是后场队员，主要杀球。

双打的战术训练

练习 152

接发球的2对2练习

等级	★ ★ ★ ★ ★

⏱ 时间	10～15分钟
🏸 次数	—

目标 确认和队友之间的配合、防守范围以及启动的时机。培养良好的杀球的接发球能力。

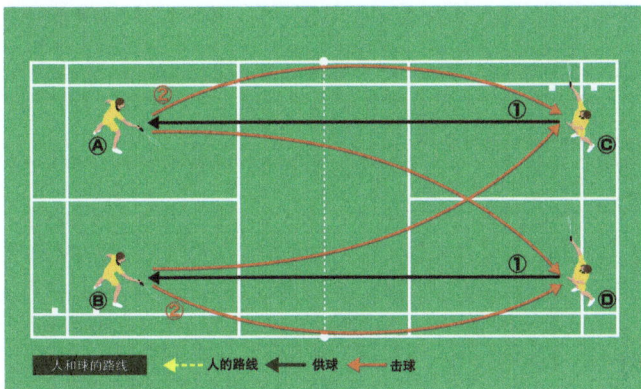

练习步骤

①C和D在原地杀直线球。

②A和B防守C和D的进攻。回球时可以交叉回直线球和对角线球。

> **教练笔记** 接发球时一定要回球到对方后场。接发球之后，也要立即摆好接下一个球的姿势，对方回球时要能够迅速应对。

人和球的路线 ◀--- 人的路线 ◀── 供球 ◀── 击球

▌A和B要充分移动以确保在身体前方接发球。

基本技术

杀球

高远球·吊球

网前球

接发球

平抽球

发球

单打的战术训练

双打的战术训练

多球训练

体能训练

双打的战术训练

练习
153

推球和接发球的
2对2练习

目标 确认和队友之间的配合、防守范围以及启动的时机。
培养良好的推球的接发球能力。

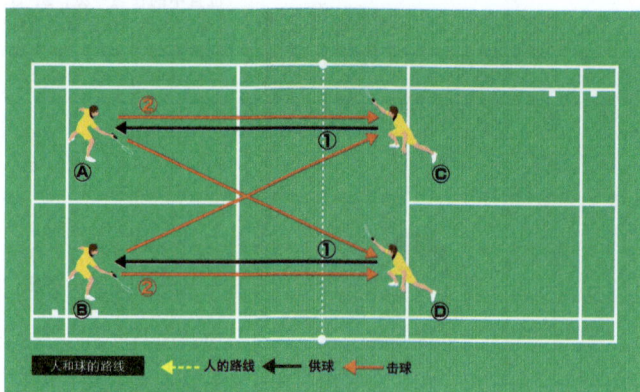

等级 ★★★★

时间 10~15分钟

次数 —

练习步骤

①C和D推直线球。

②A和B接发C和D的推球。回球时既要回直线球，也要回对角线球。

人和球的路线　◄- - -人的路线　◄——供球　◄——击球

▌A和B回球时既要回直线球，也要回对角线球。

教练笔记 即便对方没有将球打到自己这里，做好接发球的准备也是非常重要的。要训练自己时刻具有接球的意识。

双打的战术训练

练习
154

平抽球的2对1练习①

目标 确认进攻队员和防守队员之间的配合、防守范围、启动时机以及与队友的分工。

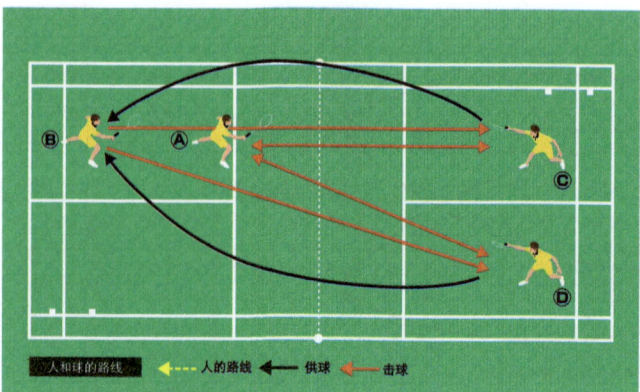

等级 ★★★★

时间 10~15分钟

次数 —

练习步骤

①A和B采用前后站位（使用半面球场），C和D采用并排站位（使用整面球场）。A主要打平抽球。

②C和D回平抽球给前场队员，如果陷入被动局面则向B挑后场高球。

③有高球过来时，B杀球。

人和球的路线　◄- - -人的路线　◄——供球　◄——击球

▌A主要打平抽球，B有高球过来时杀球。

教练笔记 要掌握进攻方前场队员A的击球启动时机。培养根据对方回球的质量和速度，迅速做出判断并启动的能力。

基本技术

杀球

高远球·吊球

网前球

接发球

平抽球

发球

单打

双打的战术训练

多球训练

体能训练

练习
155

平抽球的2对1练习②

| 等级 | ★★★★ |

🕐 时间 5～10分钟

次数 —

目标 培养对前场队员接球的判断力。
前场队员够不到球时后场队员要及时补拍。

练习步骤

①A和B采取前后站位，C和D采取并排站位，双方进行平抽球的多拍对打。

②A位于网前暂停接对方的回球。B在A接不到球时及时补拍，打平抽球。

③C和D回平抽球。A回球时不打速度较快的平抽球，改打高度较高的半场球。

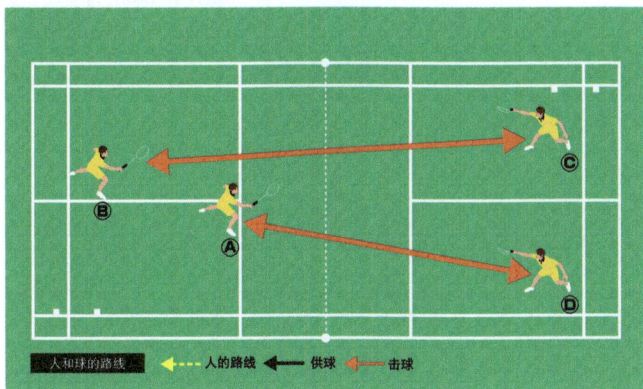

人和球的路线　◄┄┄ 人的路线　◄━━ 供球　◄━━ 击球

▌A暂停接球。B在A接不到球时要及时补拍，打平抽球。

教练笔记 培养前场队员的判断力。防守方回球时要打前场队员刚好够不到的高度。前场队员对于自己能够准确接到的球，要迅速做出反应。

练习
156

平抽球的2对1练习③

| 等级 | ★★★★ |

🕐 时间 5～10分钟

次数 —

目标 在时而防守时而进攻的胶着状态中，抓住进攻的突破口。确认和队友的配合、防守范围以及启动时机。

练习步骤

①双方均采取前后站位，进行2对2的平抽球对打。

②前场队员分别回平抽球打对方网前或者后场。后场队员主要打平抽球，也向对方网前回球。

▌即便是机会球也不要硬打，可以打对方网前，为接下来的进攻做铺垫。

教练笔记 开始的时候注意不要强攻，要多拍连续对打。适应了之后，再提高球的速度，并且在给球时迫使对方给机会球。

199

基本技术

杀球

高远球·吊球

网前球

接发球

平抽球

发球

单打的战术训练

双打的战术训练

多球训练

体能训练

双打的战术训练

练习 157

进攻和接发球的 2对2练习

目标 在不确定是进攻还是防守的情况下，在平抽球的对打中，寻找进攻的突破口。

等级 ★★★★★

时间 10~15分钟

次数 —

练习步骤

①两组选手均采取并排站位，进行平抽球对打。

②机会球来了则打对方网前并迅速换成前后站位，分成进攻方和防守方，继续多拍对打。

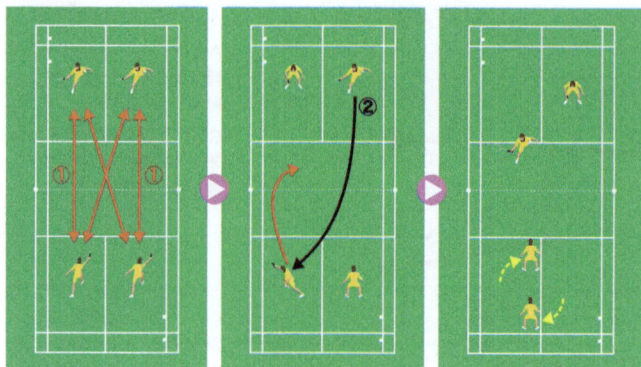

■ 平抽球对打。　■ 机会球来了打对方网前。　■ 立即换成前后站位。

教练笔记 快速转换为前后站位是非常重要的。开始的时候保持前后站位的状态展开进攻，适应了之后，也可以进行攻防转换。

双打的战术训练

练习 158

攻防转换

目标 练习能够快速地进行攻防转换。

等级 ★★★★★

时间 10~15分钟

次数 —

练习步骤

①前后站位，A负责杀球。C和D接发球。

②A中间也吊球。

③C回球时放网前球。

④B回球时也放网前球。

⑤C再次打对方网前。

⑥B挑高球后，A和B变为并排站位，C和D变为前后站位，实现攻防转换。

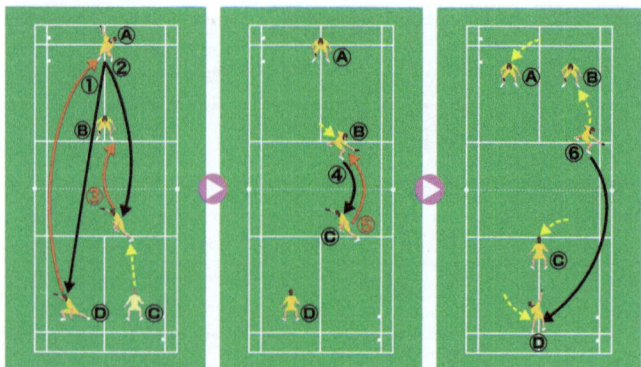

■ A吊球时，C放网前球。　■ 球到网前时，B挑高球。　■ 攻防转换。

教练笔记 并排站位转为前后站位时，前场队员移动的同时，后场队员也要快速移动。

基本技术

杀球

高远球·吊球

网前球

接发球

平抽球

发球

单打

双打的战术训练

多球训练

体能训练

双打的战术训练

练习 **159**

限制挑球的2对2练习

⏱ 时间　10~20分钟

👆 次数　—

目标

练习时限制挑球。为了能够迅速打开局面,
准备姿势要能应对各种打法。

练习步骤

双打练习,对打时两组队员
都限制不能挑球。

教练笔记　从发球开始
就要注意不
能打高球。
因为本练习中主要采用
平抽球、放网前球和推
球等打法,因此要注意
保持小幅度挥拍。

▌击球时多采用平抽球、放网前球和推球的打法。

双打的战术训练

练习 **160**

限制一方挑球的 2对2练习

⏱ 时间　10~20分钟

👆 次数　—

目标

为了能够迅速打开局面,要摆好准备姿势。
给球时要思考如何为本方做铺垫,
以及不要被对方抓住机会进攻。

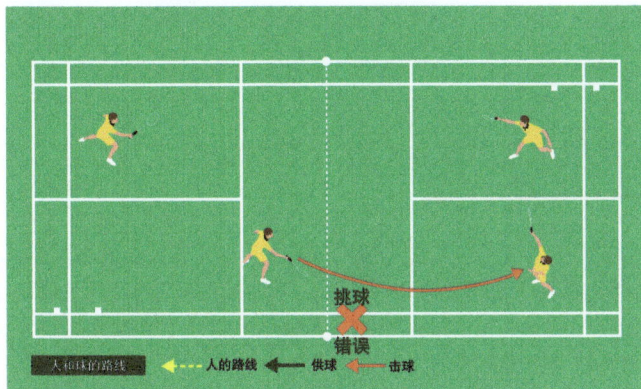

挑球

错误

人和球的路线　◀--- 人的路线　◀— 供球　◀— 击球

练习步骤

双打练习,限制一方不能挑
球,而对另一方没有限制。
双方进行多拍对打。

教练笔记　限制挑球的
一方,给球
时要思考如
何为进攻做铺垫。不要
停止跑动,要在对打中
把握自己的节奏。

▌对方打网前球时,可以回半场球或放网前球,破坏对方的进攻。

基本技术

杀球

高远球·吊球

网前球

接发球

平抽球

发球

单打的战术训练

双打的战术训练

多球训练

体能训练

双打的战术训练

练习 **161**

限制打网前和后场端线附近的2对2练习

目标

快速打开局面时抓住交换站位的时机。
练习准确地将球打到指定区域内。

等级 ★★★★★

⏱ 时间 10~20分钟

✋ 次数 —

双打练习，打到阴影区域内视为出界。在指定的区域范围内进行多拍对打。

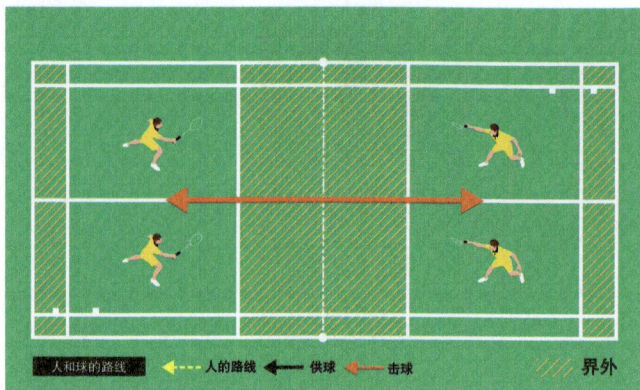

人和球的路线　◀┅┅ 人的路线　◀── 供球　◀── 击球　　　界外

教练笔记　对打时以平抽球为主，思考如何通过给球来实现攻防转换。同时，创造一种由并排站位转换为前后站位的固定模式。

▌为了能将平抽球打向对方胸前，要在高点击球。

双打的战术训练

练习 **162**

限制打后场端线附近的2对2练习

目标

快速打开局面时抓住交换站位的时机。
思考如何在指定的区域内通过给球为进攻做铺垫。

等级 ★★★★★

⏱ 时间 10~20分钟

✋ 次数 —

练习步骤

双打练习，打到阴影区域内视为出界。

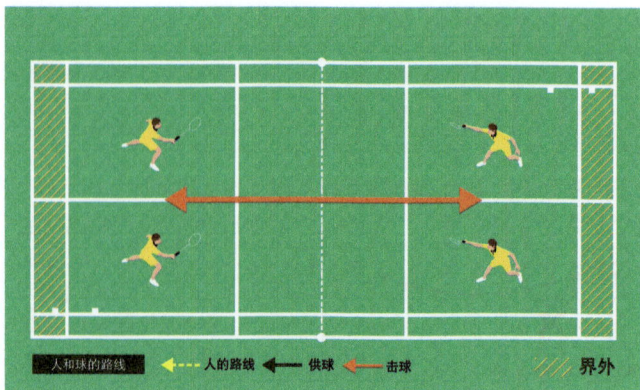

人和球的路线　◀┅┅ 人的路线　◀── 供球　◀── 击球　　　界外

教练笔记　由于不能挑高球，是否能够通过网前的攻防打开有利局面就将左右比赛的胜负。要和队友齐心协力，抓住创造进攻机会的时机。

▌并不是1个人简单地创造进攻机会，启动时要观察队友的跑动和姿势。

练习 163　3打2的练习

目标 ▷ 假设对方的实力特别强大，培养迅速展开进攻时的应变能力。给球时要打法准确，同时能破坏对方的进攻。

练习步骤

①场地一侧站3个人，3对2进行练习。

②2人的一组根据场上的情况可以变换站位。

教练笔记 因为对方是3个人，所以有的球根本无法预料。整个对打过程中，每次都要摆好准备姿势，保持自己的节奏。

■ 击球时瞄准对方前场队员和后场队员之间的空当，让对方没有机会进攻。

练习 164　接发球的3对2练习① （3人中有1人是前场队员）

目标 ▷ 接发对方的快速强攻，回球时要打出不同的路线。给球时要打法准确，同时能破坏对方的进攻。

练习步骤

①A和B采取并排站位接发球。

②进攻方的3人中，C和D是后场队员，E是前场队员。

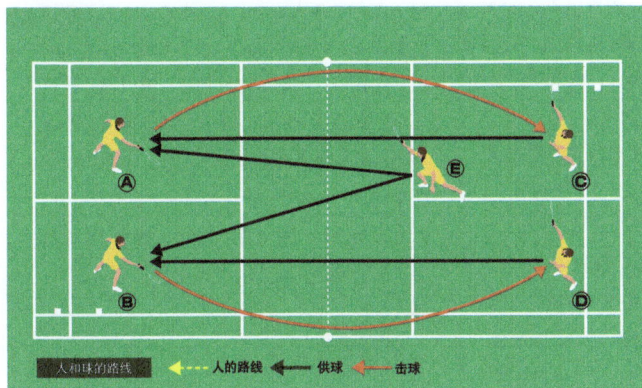

人和球的路线　◀--- 人的路线　◀— 供球　◀— 击球

教练笔记 本项练习和普通的双打比起来，进攻的展开更快，因此要迅速调整好准备姿势。脚下不能停，要注重己方的节奏。

■ 回球至网前时，要瞄准击球路线，让对方的前场队员（E）接不到。

基本技术

杀球

高远球·吊球

网前球

接发球

平抽球

发球

单打

双打的战术训练

多球训练

体能训练

基本技术

杀球

高远球·吊球

网前球

接发球

平抽球

发球

单打的战术训练

双打的战术训练

多球训练

体能训练

双打的战术训练

练习 165 接发球的3对2练习② （3人中有2人是前场队员）

时间 10~15分钟

次数 一

目标 有快有慢的连续进攻的接发球练习。

练习步骤

①使用整场。A和B采取并排站位。

②进攻方的前场队员C和D负责推球，后场队员E负责杀球。A和B接发球。

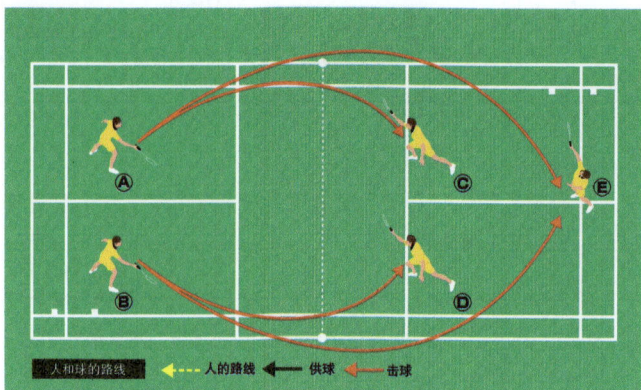

人和球的路线 ← ← ← 人的路线 ← 供球 ← 击球

■ A和B接发对方前场队员的推球时，要思考回球的路线和高度。

教练笔记 A和B接对方推球后，C、D、E也可以尝试放网前球打对方网前。A、B挑高球后，要迅速向后场移动，做好接对方回球的准备。

羽 毛 球 专 栏

专栏④ 羽毛球双打重要的是和队友之间的配合

双打比赛最能将现场气氛推向高潮。尤其是男子双打，速度快并且力量大，对观众而言是最能让人热血沸腾的项目。

但是真正打比赛的人，需要思考的东西却非常多。如何迫使对方给出机会球，对方给高球时杀球的落点打向哪儿，队友在什么位置等，大脑要时刻保持高速运转。

要想取得比赛的胜利，和队友之间的配合也相当重要。如果是经过了多年磨合的双打组合，即便彼此什么都不说也能够领会对方的意图。要想达到这一步，开始的时候就必须进行充分的交流。然而，每个人都有自己的意见和想法，能否磨合好关系到组合未来的发展。如果两个人都很强势是无法赢得比赛

的，反之如果两个人都很容易妥协也难以获胜。当两个人既有自己独特的一面，又能配合好队友的时候，这样的组合才最强大。

我和选手大束忠司（北京奥运会男子双打比赛获得第5名时的队友）组合打双打之前，两个人都是单打选手，都很骄傲，所以刚开始组合的时候发挥得不好，参加日本综合羽毛球锦标赛时第一场比赛就落败了。为此，我感到非常懊悔。之后，多亏了他在训练中主动配合我，在第二年的日本综合羽毛球锦标赛上，我们赢得了男子双打的冠军。这也使我强烈地感到，双打仅靠个人能力是无法赢得比赛的，和队友之间的配合很重要。

第10章
多球训练

多球训练最大的长处便是
可以制造出对人训练中
无论如何也不会出现的局面。
因此，供球者的击球力量
也会影响训练的效果。

基本概念 **多球训练**

动作要领②
接球者要有比赛的意识

动作要领①
供球者击球时要观察接球者的姿势

基本概念 **结合选手的水平给出合适的球**

羽毛球的多球训练主要是假设比赛中的某种场面或状况而进行的练习。单纯地只是将供球者打过来的球再打回去的话，则谈不上是有效果的训练。接球的一方回球时，应该思考这个练习是在怎样的情况下发生的，自己应该以怎样的姿势击球，以及回球的路线应该是怎样的等。

单打和双打的多球训练的目的也有很大的不同。单打的时候，场上只有1个人跑动，所以为了强化脚下的步法移动，供球者会下意识地给出一些球速较快的球。对中高级水平者进行多球训练的时候，有时会特意将球打到其刚好接不到的位置，也会特意打一些球速较快的球。

另外，如果训练对象是初学者，为了强化他们的击球动作，给球时会放慢球速，培养他们准确地回球的意识。因为自己可以控制的速度和路线，因此进行单打的多球训练时，要结合选手的水平给出合适的球。

针对双打的多球训练则更接近实战。之所以这样，是因为双打训练战术运动较多，2个人能顺利地完成轮转换位是训练的主要目标。虽然固定战术练习也能有所提高，但是也要看对方球员的水平，有时候根本没有机会轮转换位训练就结束了，难以取得预想中的训练效果。多球训练可以将对打分割成一个个模块来进行，可以是提高2人擅长战术的熟练度的练习，也可以是扭转被动局面组织进攻的练习，练习的内容富于变化。多球训练中供球者的技术和击球时机都十分重要。当然，开始的时候可能给不好球，但是作为教练，也要在错误中不断地总结经验，提高技术水平。

基本技术

杀球

高远球·吊球

网前球

接发球

平抽球

发球

单打的战术训练

双打的战术训练

多球训练

体能训练

选手的想法

考虑击球路线和打法。适应后再下功夫打出自己的特点

　　首先要确认选手的状态。一旦上场后，选手都会想要把供球者给的球用力打回去。但是，如果胡乱地击球的话，很可能球会出界，或者不是自己想要的路线等，多球训练的效果就会大大地降低了。不要一味地想着大力回球，而要注意瞄准落点正确地击球。适应了之后，再逐渐加快击球速度，最终才能做到协调全身用力打出自己想要的路线。

　　中高级水平者在进行多球训练时也可以自己下功夫研究。例如，可以按照正手、反手、正手的顺序进行打直线球的多球训练，直到3种

球都能打好为止。然后，再用同样的方法练习打对角线球。当然，供球者有供球者自己的想法，所以当变换球路时需要进行确认。但是，选手自己也应该意识到要思考如何回球。如果只是觉得要接供球者的球，那么训练就会变得很枯燥了。为了让选手也能从中体会到乐趣，可以尝试以选手为主体，由选手提出训练目标，来提高自身的技术水平。

　　中小学生和初学者还是要将注意力集中在接球上。首先要全身协调用力，能用相同的姿势正确地击球才是快速提升水平的窍门。

供球者的想法

结合选手的水平来供球是最为理想的

　　多人进行多球训练的时候，由于时间和供球者的人数的问题，所有选手都要进行相同的训练内容。有的时候，不得不以低水平选手为标准来设定训练内容，对于能够熟练回球的选手而言，训练可能会变得很无聊。他们可能会觉得"这个训练太容易了"，对这样的选手来说，训练的效果就不够好。

　　可能的话，制订训练内容时应该结合每个人的强项和弱项，但是实际操作起来却很难。这也是一直困扰教练们的一个难题。通常，只好选择随机发球这种自由练习的方式。

　　比如，想要训练反手相对较弱的选手时，训练内容一直针对这名选手，时间长了选手可能会产生不满情绪。但是，如果是自由练习，供球者就可以自由地发球，给反手较弱的选手多发反手位的球，给想要训练其他方面的选手发其他路线的球就可以了。这样一来，

供球者就需要结合每个选手的实际水平，在开展有针对性的训练上下功夫。

▲ 多球训练时最好也加入手抛羽毛球的接球练习。

207

基本技术

杀球

高远球·吊球

网前球

接发球

平抽球

发球

单打的战术训练

双打的战术训练

多球训练

体能训练

多球训练

练习 166 接杀球

时间　约10分钟

次数　16~20次×3~5组

目标 练习接对方杀球并打网前的打法。
提高接发球时打正确路线的能力。

供球者杀边线球。

选手跨步接球。

借对方杀球的力量将球回至对方网前。

练习步骤

①供球者杀边线球。

②选手接发球打直线网前球。

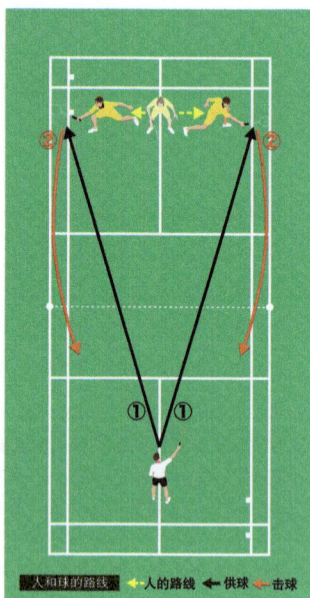

人和球的路线　→人的路线　←供球　←击球

教练笔记 供球者击球时瞄准边线。选手为了防止击球时压腕，则要向边线跨步后击球。接发球时不要用力过猛，而要轻吊对方网前。

基本技术

杀球

高远球·吊球

网前球

接发球

平抽球

发球

单打的战术训练

双打的战术训练

多球训练

体能训练

多球训练

练习 167 推球→杀球

目标 移动到网前推球后，再移动到后场杀球。
加快前后移动的速度，提高进攻的能力。

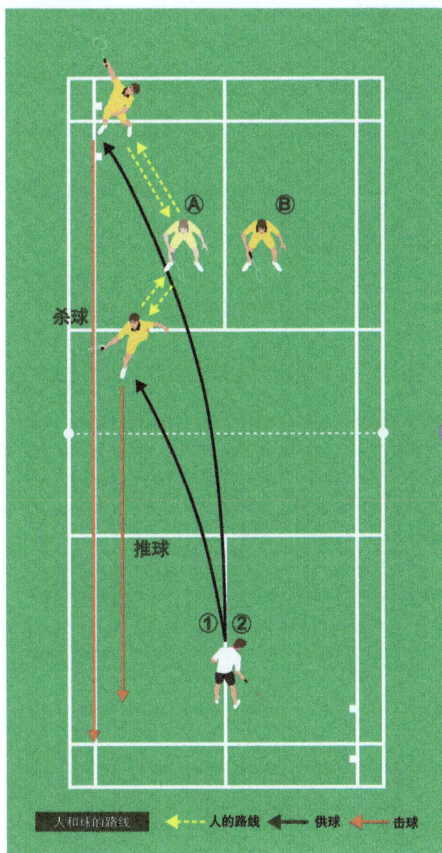

人和球的路线 ◄--- 人的路线 ◄--- 供球 ◄--- 击球

供球者击出球后，A 先推球。
然后再移动到后场杀球。

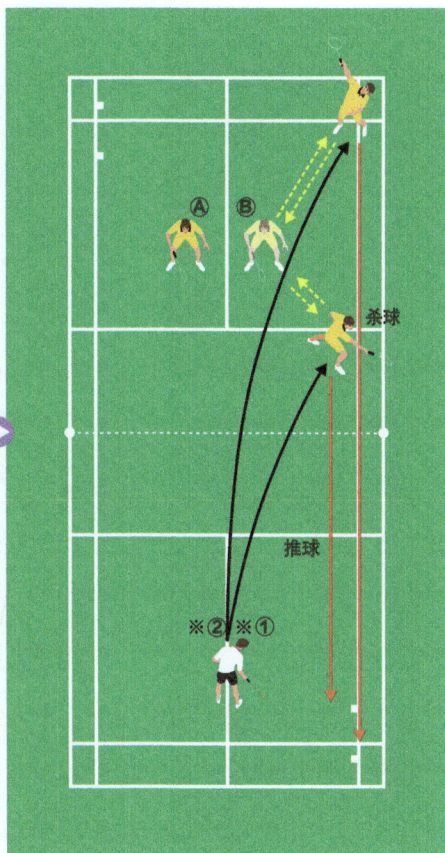

这次换成 B 先推球，再杀球。
A 和 B 交替练习。

练习步骤

①A和B在场地内做准备。供球者向网前击出球。A
推球。

②供球者向A的后场击出高球。A杀球。

※另一侧的B也进行同样的训练。

教练笔记 这个练习主要训练选手从网前迅速
移动至后场，并正确杀球的技术。
注意杀球的击球点要在身体的前方，
还要注意从网前向后场移动的速度要快。击球
后也要保持平衡并向前移动。

基本技术

杀球

高远球·吊球

网前球

接发球

平抽球

发球

单打的战术训练

双打的战术训练

多球训练

体能训练

多球训练

练习
168

正手放网前球→头顶杀球→推球

等级 ★★★★

时间 约10分钟

次数 12~18次×3~5组

目标 在全场跑动中展开进攻。

▋ 放网前球的击球点要高。

▋ 快速退至反手后场头顶杀球。

▋ 杀球后摆正姿势，移动至前场正手推球。

练习步骤

① 供球者向正手网前发球。选手放网前球打直线球。

② 供球者向反手后场发球。选手杀直线球。

③ 供球者向反手网前发球。选手正手推球。

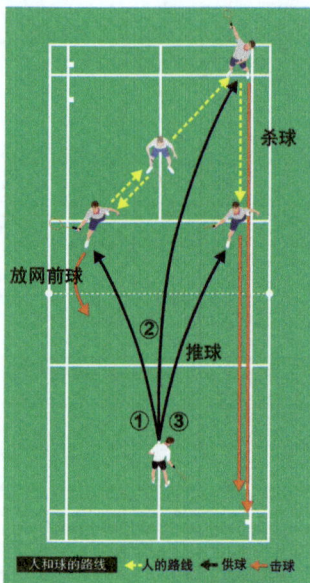

杀球

放网前球

② 推球

① ③

人和球的路线 ◀ 人的路线 ◀ 供球 ◀ 击球

教练笔记 为了当对方将球打到网前时能够推球进攻，杀球后最关键的是要快速调整姿势。对高水平选手而言，可以杀对角线球，然后再上网推球，这样练习更接近于实战。

练习 169 反手放网前球→正手杀球→推球

🕐 时间　约10分钟

🔢 次数　12~18次×3~5组

目标 ▶ 杀球后能够利用推球展开进攻。

放网前球的击球点要高。

移动到落球的位置，杀球时在身体前方击球。

右脚向前迈出一大步，推球。

练习步骤

①供球者向反手网前发球。选手放网前球打直线。

②供球者向正手后场发球。选手杀直线球。

③供球者向正手网前发球。选手正手推球。

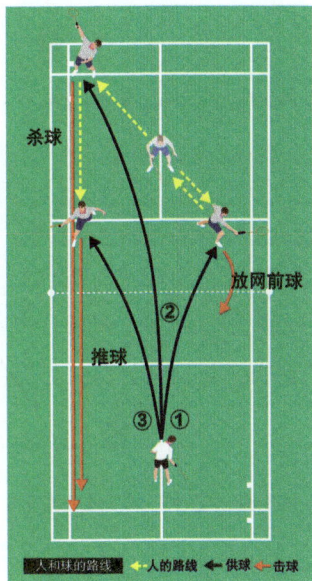

杀球

放网前球

②

推球

③ ①

人和球的路线　➤人的路线 ◄─供球 ◄─击球

📋 **教练笔记** 注意推球时不能压腕。跨步后，身体的重心也应该跟着转移。供球者给球时要考虑到让选手推球，并且注意要不断变换球的路线和高度。

基本技术

杀球

高远球·吊球

网前球

接发球

平抽球

发球

单打的战术训练

双打的战术训练

多球训练

体能训练

基本技术

杀球

高远球·吊球

网前球

接发球

平抽球

发球

单打的战术训练

双打的战术训练

多球训练

体能训练

多球训练

练习 170 正手挑球→反手挑球→头顶杀球

⏱ 时间 约10分钟

👆 次数 12~18次×3~5组

目标 ▷ 练习挑后场高球，从而创造进攻机会。

假设对方吊网前球，挑后场高球。

迅速返回中心位置，再次上网挑球。

假设对方打高远球，杀球进攻。

练习步骤

①供球者向正手网前发球。选手回挑球。返回中心位置。

②供球者向反手网前发球。选手回挑球。

③供球者向反手后场发球。选手杀球。

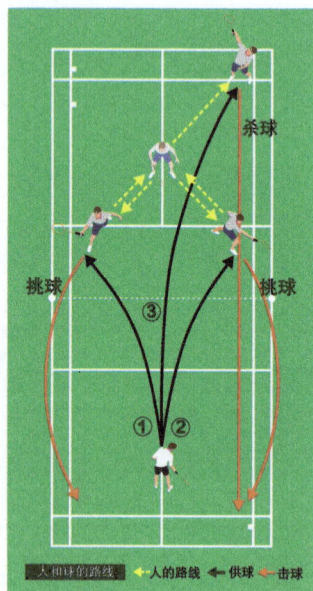

杀球

挑球　　挑球

③

①②

羽毛球的路线　→人的路线　←供球　←击球

教练笔记 前两次回球一定要挑对方后场高球。如果挑球的距离或者高度不够，那么实际比赛中对方就不会回高远球，而是直接扣杀。挑球的路线上也要时而打直线，时而打对角线。

基本技术

杀球

高远球·吊球

网前球

接发球

平抽球

发球

单打的战术训练

双打的战术训练

多球训练

体能训练

多球训练

练习 171 头顶杀球→反手放网前球→正手杀球

🕐 时间　约10分钟

👆 次数　12~18次×3~5组

目标 杀球后，接对方回球时能正确地放网前球，为接下来的进攻做铺垫。

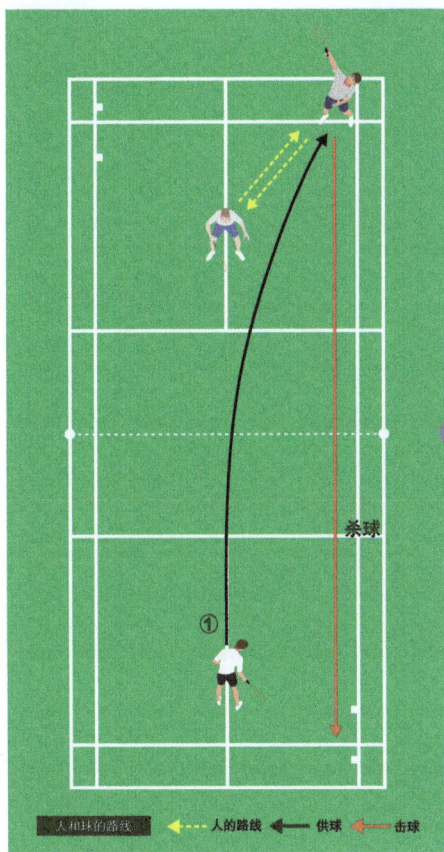

图例：
- 人的路线（黄色虚线箭头）
- 供球（黑色箭头）
- 击球（红色箭头）

人 和球的路线

▌从中心位置快速移动至后场杀球。

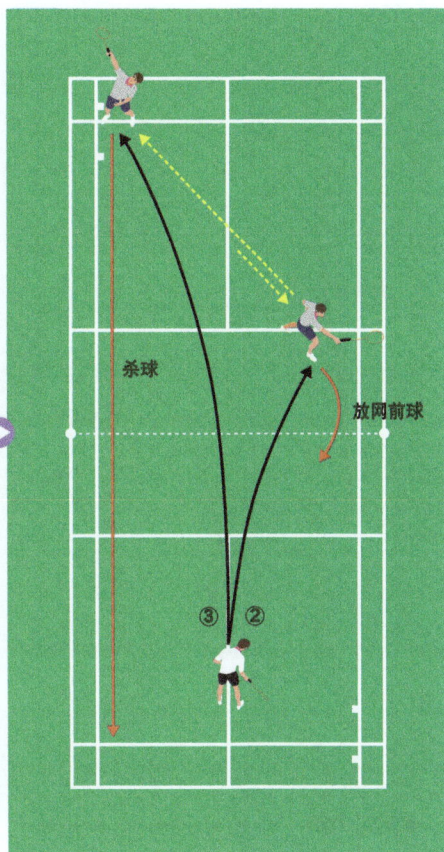

▌当选手的网前球路线很好时，供球者的第3个球给机会球。

练习步骤

①供球者向反手后场发球。选手杀球后返回中心位置。

②供球者向反手网前发球。选手放网前球。

③供球者向正手后场发球。选手杀球。

教练笔记

这是假设杀球后放网前球，并且对方的第3个球是机会球的练习。供球者要观察选手放网前球的路线，调整第3个球的路线和高度。

基本技术

杀球

高远球·吊球

网前球

接发球

平抽球

发球

单打的战术训练

双打的战术训练

多球训练

体能训练

多球训练

练习 172 接发球放网前球

等级 ★★★

时间 约10分钟

次数 12~18次×3~5组

目标 ▷ 接对方的杀球后打对方网前的练习。
强化移动步法和防守能力。

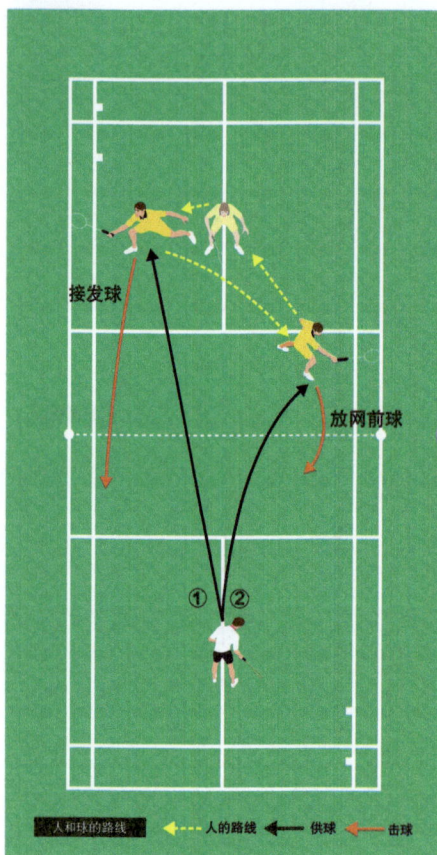

人和球的路线 ◄--- 人的路线 ◄── 供球 ◄── 击球

■ 接发球后快速斜线移动上网，放网前球。

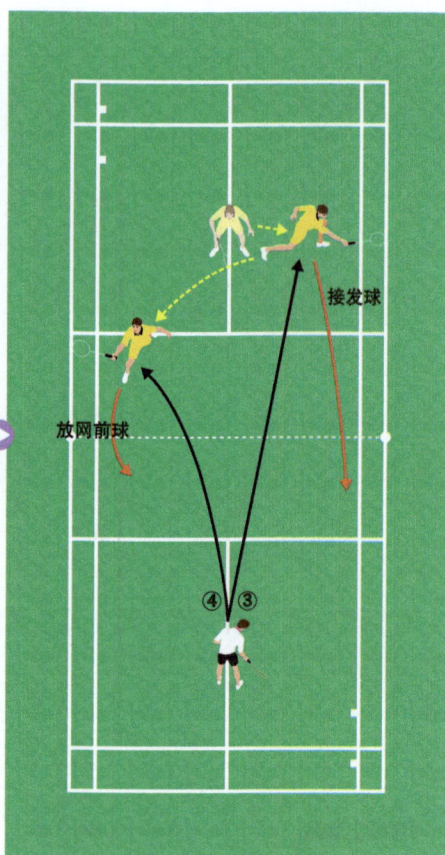

■ 在中心位置调整姿势，回球时打直线。

练习步骤

①供球者向正手位杀球。选手接发球。

②供球者向反手网前发球。选手放网前球后返回中心位置。

③供球者向反手位杀球。选手接发球。

④供球者向正手网前发球。选手放网前球。回到步骤①。

教练笔记：训练接杀球后打对方网前的防守能力。接发球后上网时，要向上举起球拍。放网前球后一旦回到中心位置，就要迅速调整姿势准备接下一个球。

214

基本技术

杀球

高远球·吊球

网前球

接发球

平抽球

发球

单打的战术训练

双打的战术训练

多球训练

体能训练

多球训练

练习 173 网前球→杀球

等级 ★★★

时间 约10分钟

次数 12~20次×3~5组

目标 从网前移动至另一侧后场杀球进攻。

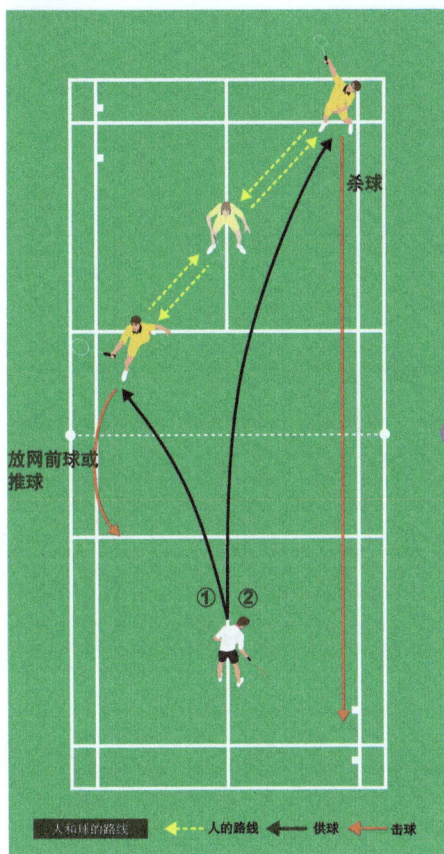

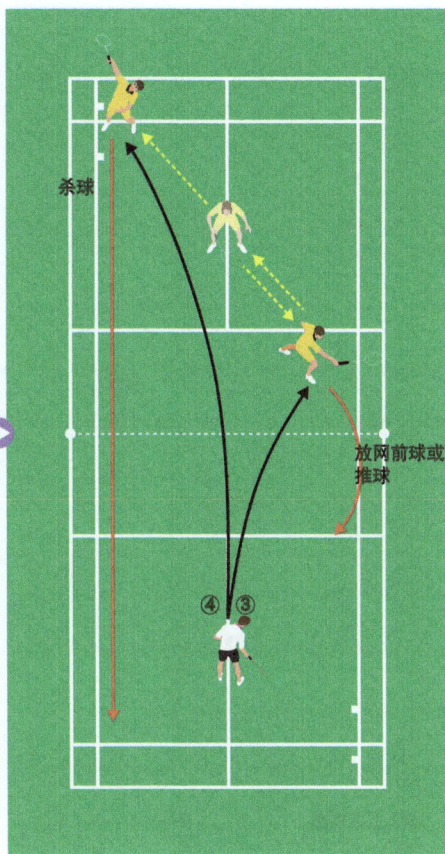

杀球

放网前球或推球

杀球

放网前球或推球

① ②

④ ③

人和球的路线 ←--- 人的路线 ← 供球 ← 击球

练习步骤

①供球者向正手网前发球。选手放网前球或推球。

②供球者向反手后场发球。选手杀直线球。

③供球者向反手网前发球。选手放网前球或推球。

④供球者向正手后场发球。选手杀直线球。

教练笔记 供球时假设对手瞄准场区的四角。注意无论哪种打法都要打直线球。为了使跑位更加流畅，击球后要注意迅速调整姿势。

215

基本技术

杀球

高远球·吊球

网前球

接发球

平抽球

发球

单打的战术训练

双打的战术训练

多球训练

体能训练

多球训练

练习 174
4个点自由练习
（网前两个点、边线两个点）

等级 ★★★★

时间 约10分钟

次数 16~20次×3~5组

目标 掌握接发球和网前球的正确打法。
通过训练提高防守能力。

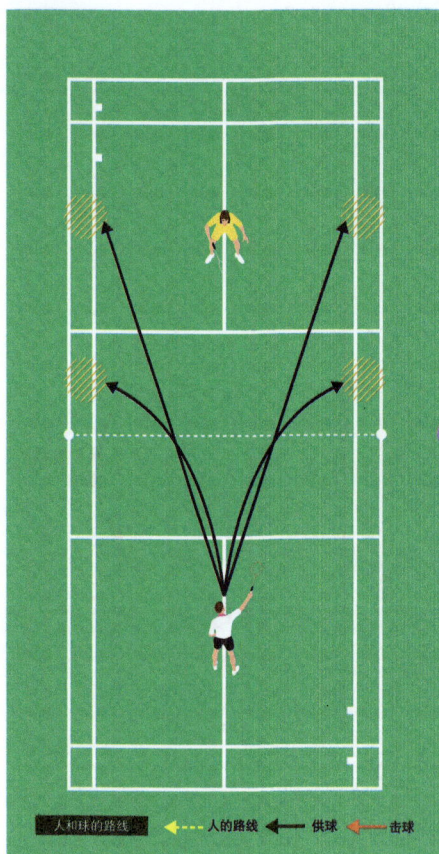

人和球的路线 ◀┅┅ 人的路线 ◀━━ 供球 ◀╌╌ 击球

■ 供球者向阴影区域内给杀球或吊球。

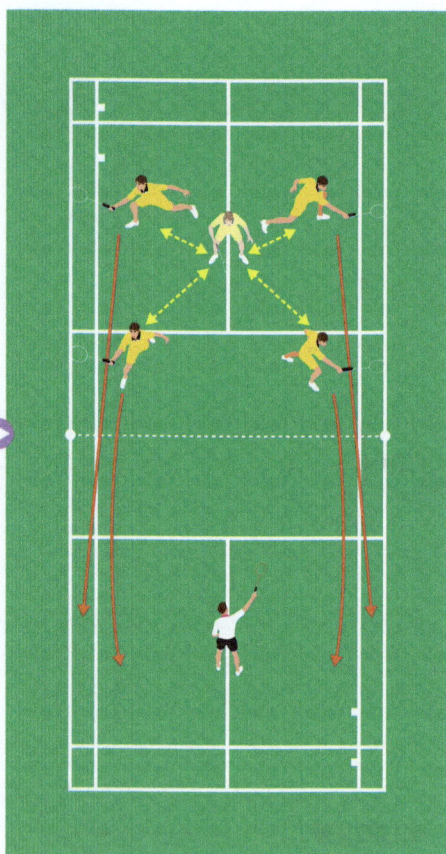

■ 供球者杀球时，选手跨步接球，注意不要压腕。

练习步骤

①供球者向正手网前、反手网前和边线两侧共4个点
随机发杀球或者吊球。

②选手根据对方发球时所使用的打法，接发球时要考
虑回球的路线和高度。

教练笔记 供球者以杀球、吊球等进攻型打法
为主，要求具备一定的供球技术。
另外，选手接吊球后要注意迅速调
整姿势，为应对杀球等进攻型打法做准备。

等级 ★★★★

练习 175 4个点自由练习（网前两个点、后场两个点）

时间 约10分钟

次数 16~20次×3~5组

目标 来不及摆好姿势、动作很别扭时也能展开攻势。

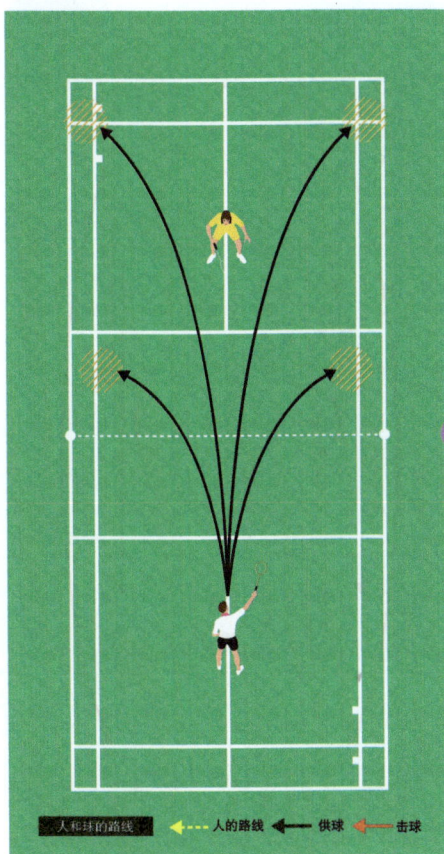

人和球的路线 ---▶ 人的路线 ━▶ 供球 ━▶ 击球

供球者向阴影区域内给高远球或吊球。

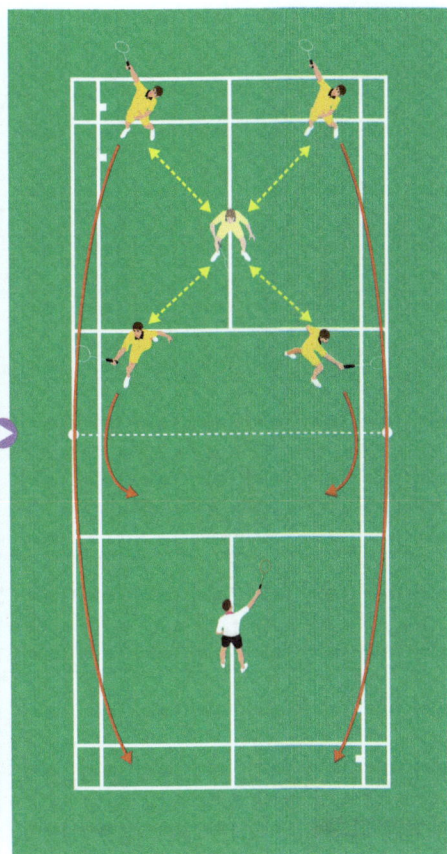

选手根据自己的姿势，变换回球的力量和路线。

练习步骤

①供球者向正手网前、反手网前两个点以及正手后场、反手后场两个点随机发高远球或吊球。

②选手根据对方发球时所使用的打法，接球时要思考回球路线和高度。

教练笔记 选手并不是单纯地接供球者发来的球，要注意姿势摆好了的时候就选择进攻型打法，姿势没有摆好的时候就要确保击球路线正确。如果能提高对场上情况的判断力，就可以减少简单的失误。

基本技术

杀球

高远球·吊球

网前球

接发球

平抽球

发球

单打的战术训练

双打的战术训练

多球训练

体能训练

多球训练

练习
176

全场自由练习

时间　约10分钟

次数　16~20次×3~5组

目标　假设是实战时的多拍对打，即便姿势没有摆好也要能够正确地接球。

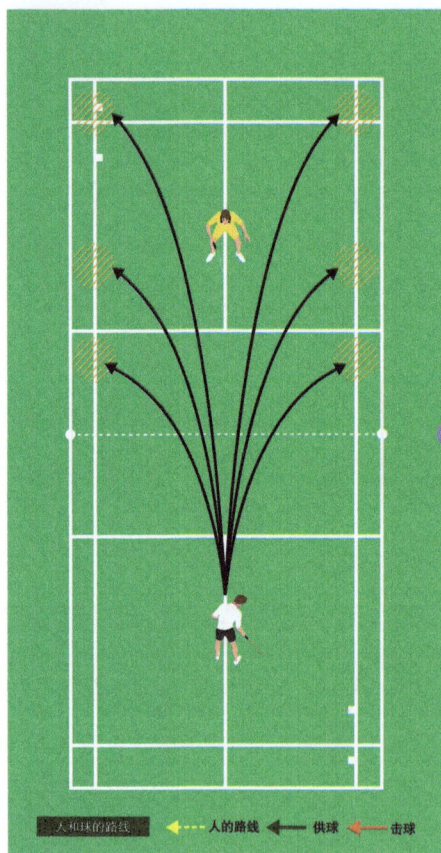

人和球的路线　----▶ 人的路线　◀── 供球　◀── 击球

供球者观察选手的准备姿势和状态后发球。

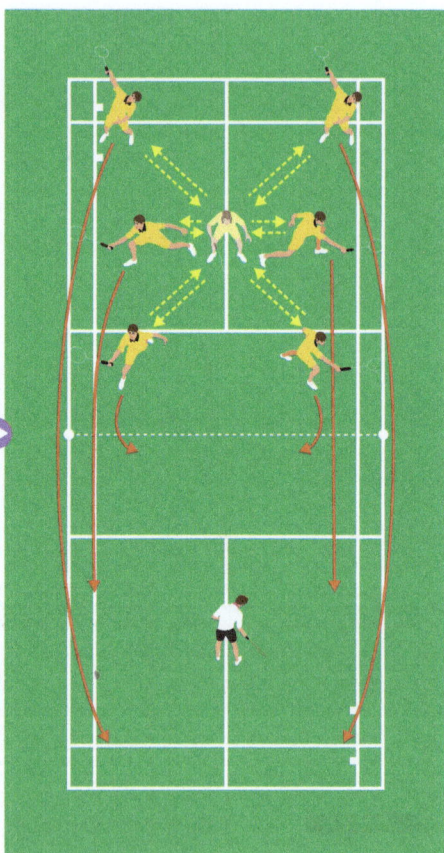

选手的回球如果不具有威胁，那么就要迅速摆好姿势为接下一个球做准备。

练习步骤

①供球者向正反手网前两个点、左右两侧边线的两个点以及正反手后场两个点分别杀球、吊球或者挑球。

②选手根据对方发球时所使用的打法，接球时要思考回球路线和高度。

教练笔记

选手开始的时候状态稳定，接球姿势标准，但是到了训练的后半程就会因疲劳而导致移动不到位的情况发生。这时千万不能放弃，要保持兴奋度，并且击球时至少要避免失误。

基本技术

杀球

高远球·吊球

网前球

接发球

平抽球

发球

单打的战术训练

双打的战术训练

多球训练

体能训练

等级 ★★★★

练习 **177** **后场队员自由练习**

时间 约10分钟

次数 16~20次×3~5组

目标 提高双打后场队员的进攻能力和控球能力。

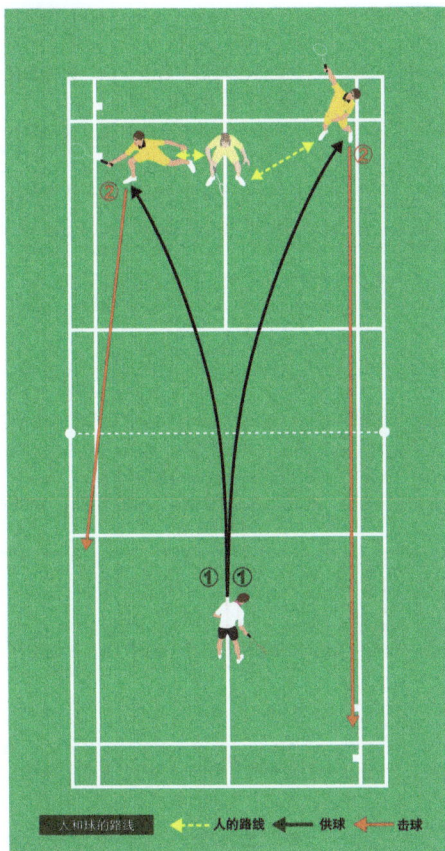

选手回球时打平抽球或杀球，击球后要迅速返回中心位置准备接下一个球。

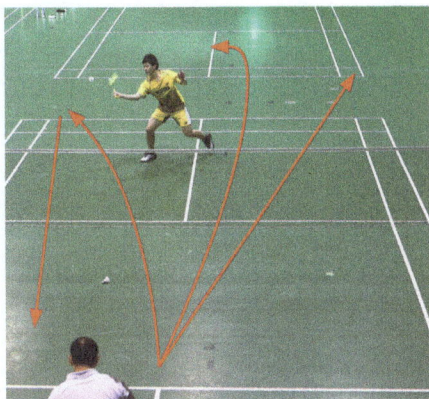

发平抽球时要分别打向左右两侧边线。

为了摆好击球姿势，要注意跑位和挥拍的准备。

人、和球的路线 ←←← 人的路线 ←←← 供球 ←←← 击球

练习步骤

① 供球者主要发平抽球。根据选手的准备姿势，也选择打后场球。

② 选手回球时打平抽球或杀球。

教练笔记 这个练习主要是提高后场队员进攻后的应变能力。比如后场队员杀球进攻后，如果对方接杀球后回球速度很快或者打边线球，前场队员没能接到球时，后场队员就需要补拍。类似地，可以设想各种比赛中可能遇到的情况，进行有针对性的练习。

基本技术

杀球

高远球·吊球

网前球

接发球

平抽球

发球

单打的战术训练

双打的战术训练

多球训练

体能训练

多球训练

练习
178

正手杀球→正手平抽球→推球

等级 ★★★★

时间 约10分钟

次数 12~18次

目标 ▷ 为了保持进攻的态势，要正确回球零失误。

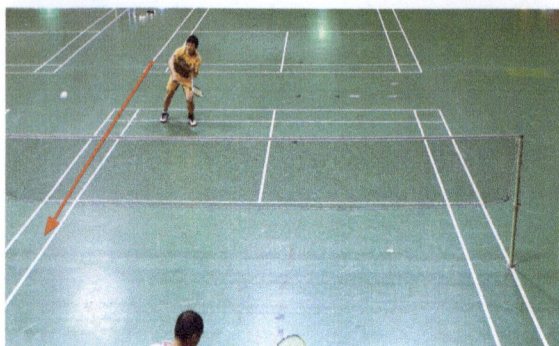

▌位于正手后场杀直线球。

▌迅速将球拍向上举起，为打平抽球做准备。

▌为了能打好推球，上网时要向上举起球拍。

练习步骤

① 供球者向正手后场发球。选手杀直线球后回到中心位置。

② 供球者向正手边线发球。选手平抽球打直线球。

③ 供球者向正手网前发球。选手推直线球。

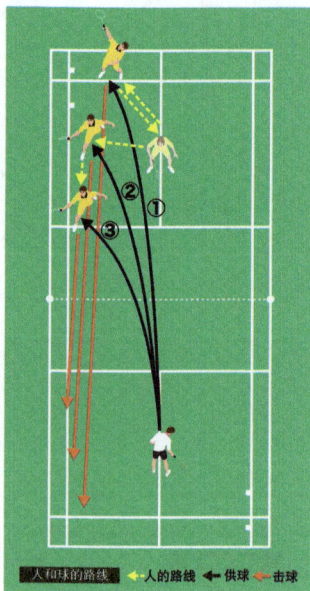

人和球的路线 ◀─ 人的路线 ◀─ 供球 ◀─ 击球

教练笔记 ▷ 在双打比赛中为了保持本方进攻的态势，打完杀球或者平抽球后要注意摆好准备动作。如果举拍慢了，即便姿势到位也可能会击球失误。打推球时，击球前不能有丝毫放松。

等级 ★★★★

练习 179 头顶杀球→反手平抽球 →推球

⏱ 时间　约10分钟

✋ 次数　12~18次

目标 ▷ 这是练习178的反手位练习。同样，为了保持进攻的态势，要正确回球零失误。

▌快速移动到落球位置杀直线球。

🔽

▌返回中心位置，向前跨步打平抽球。

🔽

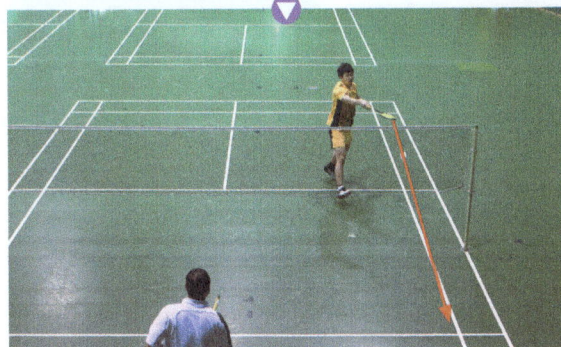

▌假设对方的回球不具有威胁，推直线球。

练习步骤

①供球者向反手后场发球。选手头顶杀直线后返回中心位置。

②供球者向反手边线发球。选手平抽球打直线球。

③供球者向反手网前发球。选手推直线球。

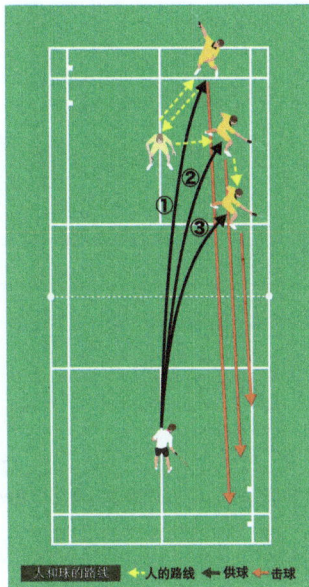

人和球的路线　◀--人的路线　◀-- 供球　-- 击球

教练笔记 杀球后返回中心位置，然后上网打平抽球时如果身体移动不到位，击球时很容易就会压腕。这样如果球往高走就会被对方抓住机会进攻，因此打平抽球时要正确击球。

基本技术

杀球

高远球·吊球

网前球

接发球

平抽球

发球

单打的战术训练

双打的战术训练

多球训练

体能训练

基本技术

杀球

高远球·吊球

网前球

接发球

平抽球

发球

单打的战术训练

双打的战术训练

多球训练

体能训练

多球训练

练习
180

固定前场队员和后场队员位置的多球训练

时间　约10分钟

次数　20次×3~5组

目标 明确前场队员和后场队员各自的职责，练习跑位。

■ 两名选手采取前后站位。

■ 前场队员（A）接球时要有向左右两侧移动的意识。

■ 后场队员（B）在前场队员（A）没接到球时，要及时补拍正确回球。

练习步骤

①供球者分别向网前、边线以及后场发球。

②A和B采取前后站位，网前球由前场队员（A）负责接，后场球由后场队员（B）负责接。边线球要根据对方发球时所使用的打法和路线，由其中一人来接球。

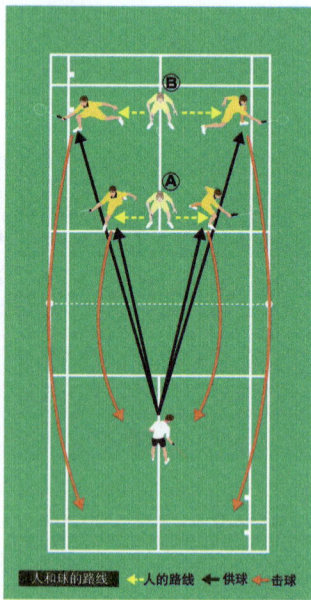

人和球的路线　　人的路线　供球　击球

教练笔记 练习时要固定前场队员和后场队员的位置。前场队员要有为后场队员创造机会球的意识，回球时多选择推球或者放网前球。自己接不到球时要立即交给后场队员来处理，自己则为接下一个球做准备。

222

基本技术

杀球

高远球·吊球

网前球

接发球

平抽球

发球

单打的战术训练

双打的战术训练

多球训练

体能训练

练习 181 并排站位接杀球

等级 ★★★★

时间 约10分钟

次数 20~40次×3~5组

目标 要和队友相互配合，
提高双打的接发球能力和默契度。

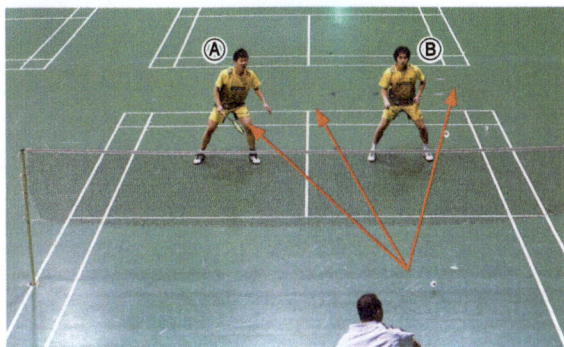

▌A和B采取并排站位。

▌接杀球分别打对方网前和后场。

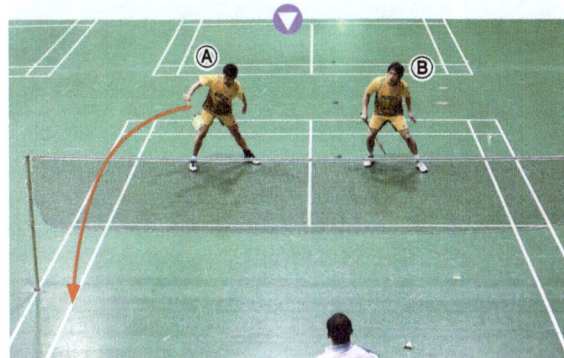

▌接发球时不要向后移动。

练习步骤

①供球者连续给杀球。

②A和B采取并排站位接杀球。

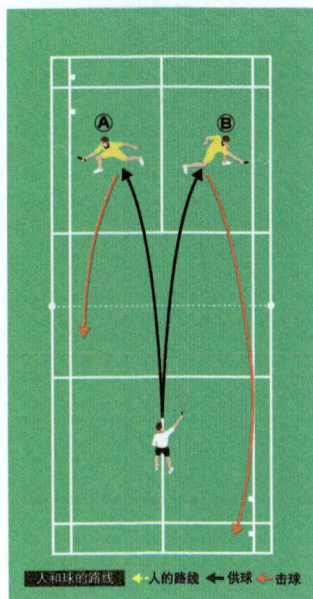

▷人和球的路线　◀人的路线　◀供球　◀击球

教练笔记 这个练习看似简单，但是却对训练中和队友之间的配合以及确认各自的接球范围非常有效。要注意防守的节奏，练习时要有球随时会打到自己这边来的准备意识。

223

基本技术

杀球

高远球·吊球

网前球

接发球

平抽球

发球

单打的战术训练

双打的战术训练

多球训练

体能训练

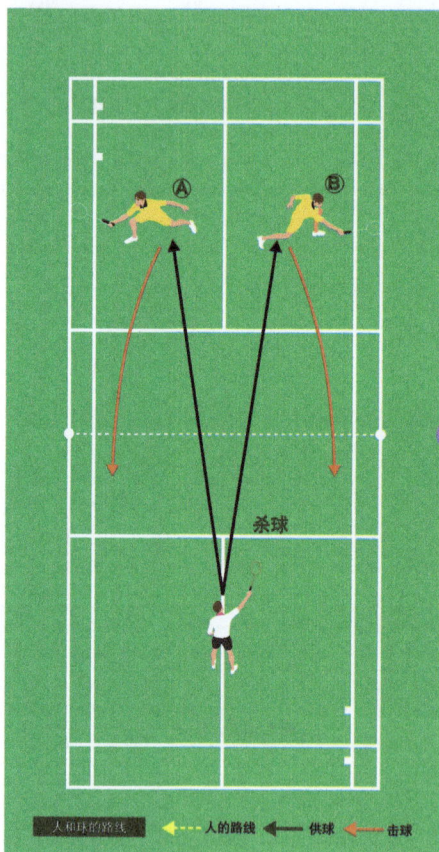

多球训练

练习 182

并排站位接杀球和吊球

等级 ★★★★

时间 约10分钟

次数 12~18次×3~5组

目标 通过随机接杀球和吊球的训练，
提高双打选手的接球能力和应变能力。

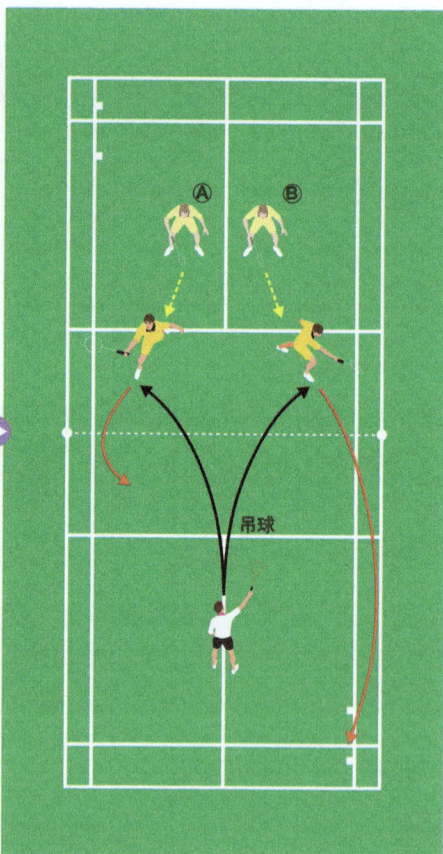

人和球的路线　←---- 人的路线　←—— 供球　←—— 击球

杀球

吊球

供球者杀球，A、B接杀球。

供球者确认两名选手的站位，如果位置靠后则吊网前球。

练习步骤

①供球者随机地给杀球和吊球。

②A、B采取并排站位，接供球者发出的球。

教练笔记

以杀球为主，中间偶尔打吊球，这样的训练更接近于实战。回球时如果打吊球，那么对于下一个球的接球范围就变小了。此时，队友就应该下意识地扩大自己的接球范围。

等级 ★★★★

练习 183
前后站位时的轮转换位练习

时间 约10分钟

次数 20～40次

目标 确认队友的站位的同时，有节奏地展开进攻。

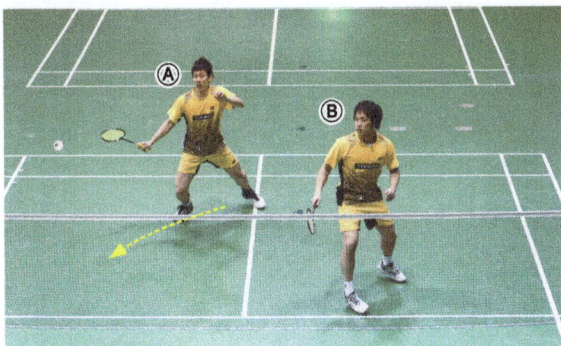

在选手采取前后站位时，供球者打边线球。

A上网接球时，B就要移动到后场。

A、B轮转换位时，可以有语言提示。

练习步骤

①A、B采取前后站位。

②供球者给球时要让选手有机会进行轮转换位。

③后场队员A上网接球的话，B就要向后场移动。

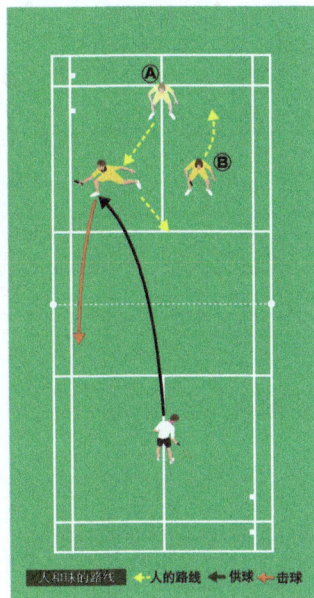

人和球的路线 ←人的路线 ←供球 ←击球

教练笔记 练习进攻型站位时能够快速地轮转换位。为了使两名选手脚下不停，供球者向选手的前后左右给球时要把握好节奏。选手也要注意确认队友的位置。

基本技术

杀球

高远球·吊球

网前球

接发球

平抽球

发球

单打的战术训练

双打的战术训练

多球训练

体能训练

225

基本技术

杀球

高远球·吊球

网前球

接发球

平抽球

发球

单打的战术训练

双打的战术训练

多球训练

体能训练

多球训练

等级 ★★★★★

练习 **184**

从平抽球的对打到接吊球→推球

时间 约10分钟

次数 20次

目标 在平抽球的多拍对打中创造进攻机会。

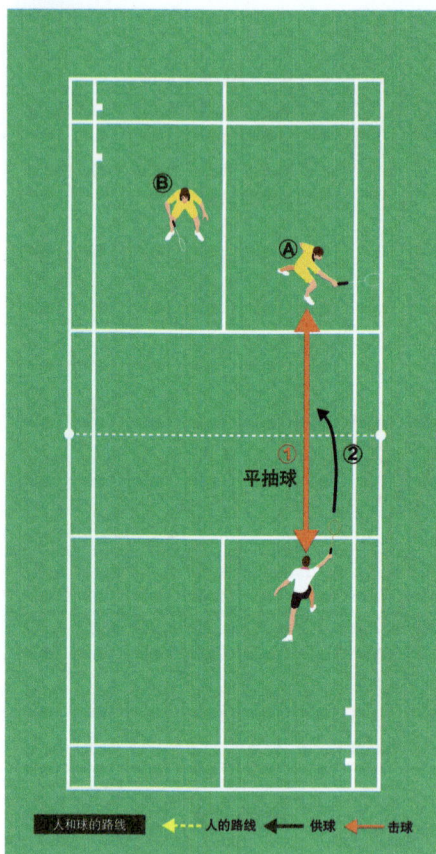

人和球的路线 ◄---- 人的路线 ◄— 供球 ◄— 击球

A和供球者进行平抽球的对打，连续多拍对打后供球者打网前球。

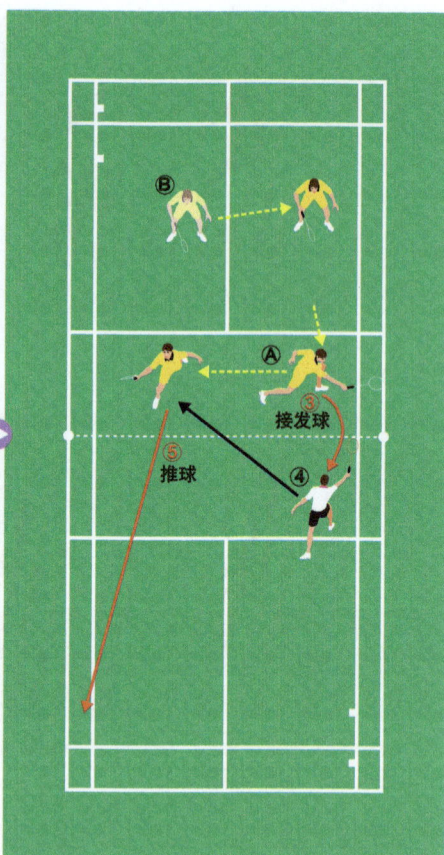

A接球后，供球者回球时勾对角线球。A推球，击球点要高。

练习步骤

①供球者位于网前，和A进行平抽球的多拍对打。

②供球者突然放网前球。

③A接球时打直线。

④供球者勾对角线球。

⑤A推球。

⑥换成B重复步骤①～⑤。

教练笔记 在平抽球的多拍对打中，供球者突然打网前时，选手没有心理准备却急于接球，很容易造成失误。为了最后能有机会推球，要提高接吊球的准确度。

基本技术

杀球

高远球·吊球

网前球

接发球

平抽球

发球

单打的战术训练

双打的战术训练

多球训练

体能训练

多球训练

练习 185 双打的多球自由练习①

时间 约10分钟

次数 20~40次×3~5组

目标 提高双打的判断力，注意轮转换位的速度要快。

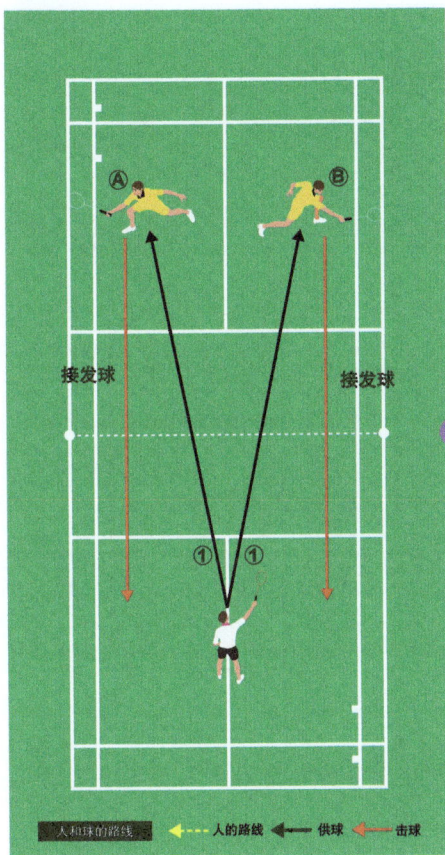

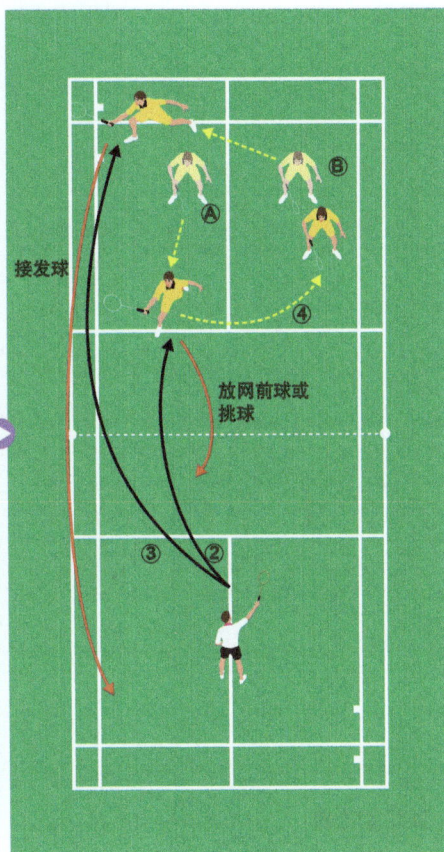

接发球   接发球

接发球   放网前球或挑球

①   ①   ③   ②

④

人和球的路线   人的路线   供球   击球

练习步骤

①供球者随机发球。A、B采取并排站位接发球。

②供球者向网前发球调动A。A放网前球或挑球。

③供球者向A身后的空当发球。B补位接球。

④A向反手位移动。A和B再次回到并排站位的状态，返回步骤①。

教练笔记 这是模拟双打比赛的训练。要结合供球者发出的球和队友的站位来跑动。同时，注意攻防转换的速度要快，这样更接近于实战。

基本技术

杀球

高远球·吊球

网前球

接发球

平抽球

发球

单打的战术训练

双打的战术训练

多球训练

体能训练

多球训练

双打的多球自由练习②

目标 回球时要考虑准备、姿势、位置等各种情况，避免失误。

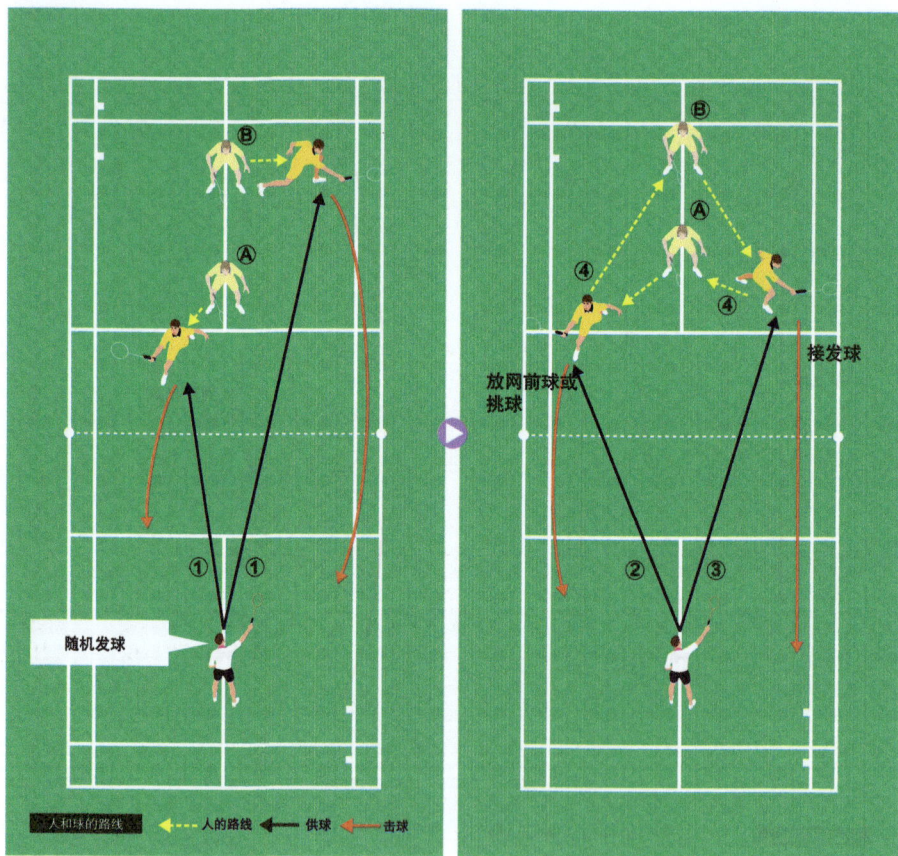

人和球的路线　----▶ 人的路线　◀— 供球　◀— 击球

练习步骤

①供球者随机发球，中间也包括杀球等进攻型打法。A、B采取前后站位。

②供球者向正手网前边线处发球。A抢网放网前球或挑球。

③供球者立即向反手网前边线处发球，B上网接球。

④B和A轮转换位，再次回到前后站位的状态。

教练笔记 这个练习几乎和实际的双打比赛一样。接球的两名队员可以将本练习视为本书之前介绍的各个练习项目结合起来的综合训练。供球者发球时会考虑双打比赛中可能会出现的各种情况。双方都找到比赛时的感觉，这很重要。

基本技术

杀球

高远球·吊球

网前球

接发球

平抽球

发球

单打的战术训练

双打的战术训练

多球训练

体能训练

练习
187

多球训练番外篇①

等级 ★★★★★

时间 约10分钟

次数 16～20次

目标 通过连续接短球和长球，提高快速举起球拍做击球准备的意识。

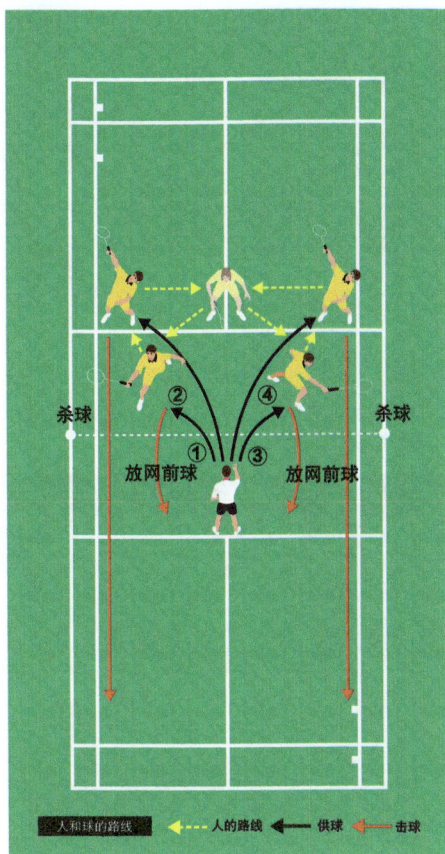

杀球

②

放网前球

①

③

④

放网前球

杀球

人和球的路线　---▶ 人的路线　━▶ 供球　━▶ 击球

供球者位于网前，用手抛出短球。

选手放网前球的同时，供球者抛出长球。

练习步骤

①供球者向正手网前抛出短球。选手正手放网前球。
②供球者立即向正手位抛出长球。选手杀球。
③供球者向反手网前抛出短球。选手反手放网前球。
④供球者立即向反手位抛出长球。选手杀球。

教练笔记 选手放网前球时的击球点要高，杀球时要坚决。放网前球后如果放下球拍，那么杀球时反应就会变慢，因此要保持球拍始终向上举起。

基本技术

杀球

高远球·吊球

网前球

接发球

平抽球

发球

单打的战术训练

双打的战术训练

多球训练

体能训练

多球训练

练习
188

多球训练番外篇②

等级 ★★★★★

⏱ 时间　约10分钟

👆 次数　16~20次×3~5组

目标 ▶ 推球时要快速举起球拍，并摆好姿势。

▌选手正手放网前球。

▌放网前球后立即举起球拍推球。

▌推球后立即向反手位移动。

▌供球者连续手抛两个短球。

练习步骤

①供球者向正手网前抛出短球。

②选手放网前球。

③供球者再次抛出短球。

④选手回推球。继续向反手位移动重复步骤①~③。

教练笔记　供球者快速向网前抛出羽毛球。第1个球是短球，让选手放网前球。接下来的球的高度要让选手能推球。

选手要快速向上举起球拍，打好第2个球。

第11章
体能训练

羽毛球是一项比表面上看起来
对体力要求更高的剧烈运动。
此外，由于还需要用到小碎步，
所以除了手法技术之外，
还要训练灵敏性和手腕力量等。

练习 189

高抬腿连续跨羽毛球

等级 ★★

时间 —

次数 5~10次

目标 提高灵敏性，掌握小碎步的技巧。

高抬腿跨过羽毛球。

自然摆臂，动作要灵敏。

练习步骤

①将7到8个羽毛球等间距地排成一列。

②高抬腿至腰部，连续跨过羽毛球。

教练笔记 为了提高灵敏性，注意节奏要快。要注意调整步幅，不要踩到羽毛球，有节奏地向前移动。

练习 190

双脚同时连续跳过羽毛球

等级 ★★

时间 —

次数 5~10次

目标 提高灵敏性，掌握小碎步的技巧。

要连续跳，不要跳一下停一次。向前跳时感觉像被弹起来一样。

练习步骤

①将7到8个羽毛球等间距地排成一列。

②身体朝向正面或者侧面，双脚并拢连续跳过羽毛球。

教练笔记 双脚的起跳可以不用太高。中途不要停，要保持良好的节奏。

基本技术

杀球

高远球·吊球

网前球

接发球

平抽球

发球

单打的战术训练

双打的战术训练

多球训练

体能训练

体能训练

练习
191

交叉步连续穿过羽毛球

等级 ★★★

时间 —

次数 5~10次

目标 ▶ 提高灵敏性，掌握小碎步的技巧。

注意要使用小碎步。

重心放到左侧，迈出左脚。

右脚经左脚向右前方跨出一步。

练习步骤

①将7到8个羽毛球等间距地排成一列。

②使用交叉步，从羽毛球中间穿过。

教练笔记 右脚穿过羽毛球的同时，左脚要跟上。左脚要经右脚快速向左前方迈出，注意要从羽毛球中间穿过。

体能训练

练习
192

中国跳①

等级 ★★★

时间 约30秒

次数 3~5组

目标 ▶ 掌握羽毛球独有的移动步法，培养节奏感。

双脚同时向前跳。

落地后再向后跳。

练习步骤

①双脚自然分开与肩同宽，同时向前或向后跳。

②中间的10秒，加快节奏。

教练笔记 尽量将脚后跟向上提起，双脚跳起来。尤其是落地的时候，注意要整个脚掌着地。

233

基本技术

杀球

高远球·吊球

网前球

接发球

平抽球

发球

单打的战术训练

双打的战术训练

多球训练

体能训练

体能训练

练习 193 **中国跳②**

等级 ★★★

时间 约30秒

次数 3~5组

目标 ▶ 掌握羽毛球独有的移动步法，培养节奏感。

▌起跳的同时向前迈右脚。

▌再次起跳时双脚靠拢。

▌第三次起跳时向前迈左脚。利用手臂保持平衡。

练习步骤

①起跳的同时向前迈右脚、向后伸左脚。再次起跳时双脚靠拢，接下来起跳时向前迈左脚、向后伸右脚。这样重复进行。

②中间的10秒加快节奏。

教练笔记 不是单纯的左右脚交替向前后迈，中间的一次要双脚靠拢。跨步的幅度不需要太大。

体能训练

练习 194 **中国跳③**

等级 ★★★

时间 约30秒

次数 3~5组

目标 ▶ 掌握羽毛球独有的移动步法，培养节奏感。

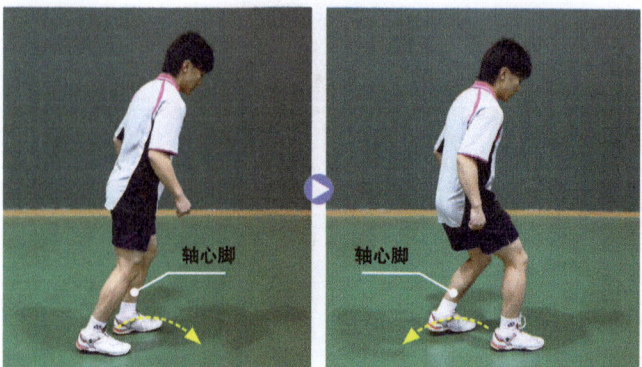

▌利用轴心脚保持平衡，向前迈右脚。

▌右脚着地后立即向后撤回。重复进行。

轴心脚

轴心脚

练习步骤

①轴心脚保持固定，前后移动另一只脚。

②中间的10秒加快节奏。

教练笔记 出乎意料的是，单脚快速前后移动其实很难。要控制好节奏，中间不要停。

234

基本技术

杀球

高远球·吊球

网前球

接发球

平抽球

发球

单打的战术训练

双打的战术训练

多球训练

体能训练

体能训练

练习
195

中国跳④

目标 掌握羽毛球独有的移动步法，培养节奏感。

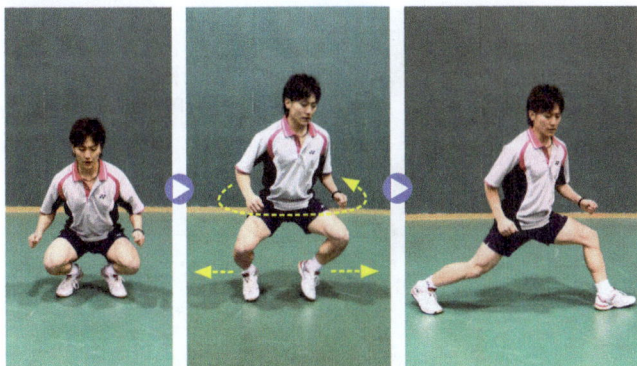

等级 ★★★

⏱ 时间 约30秒

次数 3～5组

练习步骤

①先下蹲，然后向上提起上身，同时向侧面转体，双脚前后分开。

②分开的双脚靠拢后再次下蹲。接下来向反方向转体，双脚再次前后分开。

③中间的10秒加快节奏。

教练笔记 由于是下蹲后立即分开双脚，所以下半身的负荷很重。要保持平衡，脚下要稳。

▋从下蹲的位置向上提起上身。

▋提起上身的同时转体。

▋双脚前后分开，再回到最初的体式。

体能训练

练习
196

拾放羽毛球

目标 掌握羽毛球的基本移动步法。

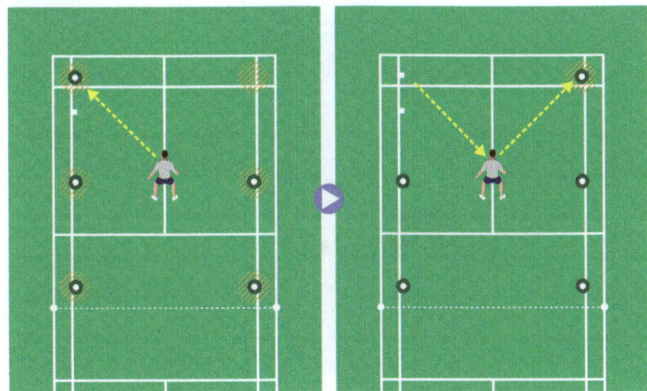

等级 ★★★

⏱ 时间 —

次数 8～20次

练习步骤

①在图中6处阴影区域中的5处摆好羽毛球。

②拾起其中1个羽毛球，返回中心位置后，再将球放到空着的阴影区域。

③再次返回中心位置，拾起1个羽毛球，重复步骤②之后的部分。

教练笔记 拾球的姿势比实际击球的姿势重心更低。由于身体负荷较重，所以可以结合选手的水平来调整球的数量和拾取羽毛球的次数。

▋拾起任意一个羽毛球。

▋将羽毛球放到空着的位置。

235

基本技术

杀球

高远球·吊球

网前球

接发球

平抽球

发球

单打的战术训练

双打的战术训练

多球训练

体能训练

体能训练

练习 197

借助木棒训练①

等级 ★★

时间 —

次数 10~15次

目标 ▶ 强化上半身肌肉力量，提高柔韧性。

握紧木棒，手臂向前伸直。

慢慢地将木棒收回到胸前。

练习步骤

握紧木棒向前伸直手臂，再慢慢地向胸前收回。反复进行。

教练笔记 ▶ 手臂屈伸的速度不需要太快。可以慢一点，但是屈臂的动作要做到位。注意上身要挺直，不要晃。

体能训练

练习 198

借助木棒训练②

等级 ★★

时间 —

次数 10~15次

目标 ▶ 强化上半身肌肉力量，提高柔韧性。

屈臂在颈后持木棒。

向上举起木棒，要保持平衡，不要使木棒左右倾斜。

练习步骤

①正手握木棒的中间，举过头顶。

②屈肘，小臂往头部后方送，然后再向上举起。

教练笔记 ▶ 注意手持木棒时要保持平衡。习惯了之后，也可以将木棒收至胸前。

基本技术

杀球

高远球·吊球

网前球

接发球

平抽球

发球

单打的战术训练

双打的战术训练

多球训练

体能训练

体能训练

等级 ★★

练习
199

借助木棒训练③

时间 —

次数 20次

目标 强化上半身肌肉力量，提高柔韧性。

身体不要晃动，双脚要做好支撑。

向反方向转体，注意要用到腹部肌肉。

练习步骤

①持棒方法如图所示。
②缓慢地向左右两侧转体。

教练笔记 这个训练是为了提高挥拍时要用到的肌肉的柔韧性。要以身体为轴，然后缓慢地向左右两侧转体。

体能训练

等级 ★★★

练习
200

借助木棒训练④

时间 —

次数 10~20次

目标 强化上半身肌肉力量，提高柔韧性。

向前跨出一大步。

屈膝，腰向下沉。

练习步骤

①持棒方法如图所示。
②一只脚向前跨出一大步，再收回。左右脚交替进行。
③身体朝向正面，一只脚向侧面跨出一大步。左右脚交替进行。

教练笔记 腰向下沉，重心放在前脚上。注意身体不要晃动，下半身要稳。

237

在指导小学生的过程中 "回到原点"
掌握基础是
提高羽毛球水平的捷径

不管是谁犯错，原因都是一样的

我在还是运动员的时候，也有过低迷的时期。正好是雅典奥运会结束的时候，越是想拿下重要的比赛却越是赢不了。当时我甚至想过"我再也打不了比赛了"。

让我从低迷的状态中重新振作起来的契机是教小学生打羽毛球。教小学生的时候，如果不改变思维方式和降低技术水平，是没有办法教好他们的。

但是，在指导的过程中我发现，无论是小学生还是顶级选手，犯错的原因都是一样的，比如，步法移动不到位，身体移动不到位等。

对于这些基本动作毫不懈怠，才是羽毛球比赛中制胜的关键。意识到这

个重要问题之后，我迎来了自己羽毛球运动员生涯的又一个鼎盛时期。

对初学者的指导非常重要

如今，在各种演讲和座谈会上，和教练接触的机会多了起来。通过与教练们面对面地交流，我发现很多人对于如何指导初学者感到十分困惑。

因此，本书中介绍了很多基础的训练项目。比如接球训练（第 27 页）和投抛羽毛球（第 28 页）等，即便不使用球拍，对于掌握基本的移动步法也十分有效。训练身高较矮的小学生时，适当降低球网的高度（第 34 页），从培养选手的角度来讲，效果也是非常好的。

教练的话

致读者

238

的确，指导刚起步的选手非常辛苦，需要耐心。当指导过程陷入瓶颈的时候，不妨灵活运用一下本书的内容。

从幼儿园小朋友到羽毛球国家队运动员，我都指导过。然而让我觉得最有价值的，还是指导能明显感受到进步的小学生和初学者。

希望各位教练能认识到基础的重要性，并且在指导中能够给予足够的重视。

营造轻松愉快的氛围

我想每位教练都有自己的想法，但是我在指导的过程中非常重视"让选手体会到羽毛球的乐趣"。

为了能够赢得比赛而进行训练固然重要，但是当选手感到疲惫时还让他们痛苦地练下去，只会使他们变得讨厌

羽毛球。即便是羽毛球国家队的运动员，难受的时候也不能进行高强度的训练。这种时候，可以尝试一些趣味训练，或是低强度训练，营造轻松愉快的氛围。

相信读者中也会有结束了辛苦的工作后，想要借助羽毛球来放松一下的朋友。本书也专门介绍了一些适合这类人群的训练项目。我衷心地希望会有更多的人通过本书体会到羽毛球运动的乐趣。

曾任日本国家羽毛球队主教练 **舛田圭太**

图书在版编目（CIP）数据

图解羽毛球技术和战术 : 基础训练200项 / （日）舛
田圭太主编 ; 杨琳琳译. -- 北京 : 人民邮电出版社,
2018.1
ISBN 978-7-115-37930-6

Ⅰ. ①图… Ⅱ. ①舛… ②杨… Ⅲ. ①羽毛球运动—
运动技术—图解 Ⅳ. ①G847.19-64

中国版本图书馆CIP数据核字(2017)第245281号

内 容 提 要

　　本书是羽毛球基本技术和战术的训练攻略，全书包括针对羽毛球基本技术、杀球、高远球·吊球、网前球、接发球、平抽球、发球、单打的战术训练、双打的战术训练、多球训练、体能训练等200项基础训练项目，以及羽毛球训练计划的制订方法；每项训练又涵盖目标、等级、练习步骤、教练笔记、动作要领及建议等内容，并以真人实拍照片、示意图形式细致讲解每项训练内容和训练方法。本书适合从小学生到国家队选手的所有羽毛球运动员和爱好者夯实羽毛球基本功，并有效提高他们的羽毛球技战术水平。

◆ 主　　编　［日］舛田圭太
　　译　　　　杨琳琳
　　责任编辑　寇佳音
　　责任印制　周昇亮
◆ 人民邮电出版社出版发行　　北京市丰台区成寿寺路 11 号
　　邮编　100164　　电子邮件　315@ptpress.com.cn
　　网址　http://www.ptpress.com.cn
　　固安县铭成印刷有限公司印刷
◆ 开本：700×1000　1/16
　　印张：15　　　　　　　　　　2018 年 1 月第 1 版
　　字数：365 千字　　　　　　　2025 年 11 月河北第 43 次印刷
　　著作权合同登记号　图字：01-2017-3628 号

定价：68.00 元
读者服务热线：(010) 81055296　印装质量热线：(010) 81055316
反盗版热线：(010) 81055315